알파벳을 몰라도 말이 트이는

걸음마 영어

자상하고 친절한 영어가이드가 되길 소망합니다

지인들로부터 영어를 가르쳐 달라는 부탁을 많이 받았습니다.

영어를 공부하고 싶어도 어떻게 시작해야 할지 모르겠다는 분들,
영어 공부를 많이 했는데 영어로 말하기가 어렵다는 분들이 많았습니다.

아이들은 태어나서 언어를 습득할 때
말부터 배우고, 말이 트인 다음에 문자를 배웁니다.

그런데 우리는 우리말과 어순도 다른 영어를 문자부터 접하고 문법과 함께 말을
익혀왔습니다.

알파벳이란 낯선 문자로 시작하고 문법 익히기가 더해지니 영어가 부담스러운
공부로만 느껴져서 정작 소통의 수단으로 생활속에 스며들기가 쉽지 않다고 생
각했습니다.

이 책은 기존의 학습법에서 벗어나, 익숙한 우리말로 말부터 트이게 하는 새로운
학습법을 제시합니다.

우리말로 먼저 영어 문장의 틀을 익힘으로써, 단어만 알면 쉽게 영어 문장을 구
사할 수 있게 합니다.

저처럼 영어와 새롭게 만나기를 원하시는 분들께
"대한민국에서 가장 친절한 영어가이드" 가 되기를 소망합니다.

저자 이 연 정 올림

알파벳을 몰라도
말이 트이는

걸음마

영어

저자 이연정 CFA

봄비

이 책은 이렇게
활용하면 좋습니다

개념편을 통해 문장 구성 원리를 이해합니다 ● ● ●

일상생활에서 많이 사용되는 대부분의 영어 문장은 다양한 문법이 활용되기
보다는 간단한 표현으로 되어 있습니다.

따라서, 개념편은 깊이 공부하기 보다는 예문을 봐가며 가볍게 이해만 하는
수준으로 읽으시길 바랍니다.

● ● 응용편을 통해 문장을 익힙니다

실생활에서 많이 사용되는 쉬운 문장 위주로 대화를 구성하였
습니다.

한글 문장을 영어식 사고와 어순으로 재구성하고, 영어 발음을
한글로 표기한 문장과 같이 배치했습니다.

영어식 한글문장 어순과 한글로 영어문장 발음을 표기한 문장
을 비교하며 여러번 소리내어 읽으시길 바랍니다.

그러면, 영어 단어와 문장의 틀을 자연스럽게 익히게 되고 영어
구사에 자신감을 갖게 될 것입니다.

부록을 통해 단어를 익힙니다.

실생활에서 사용빈도가 높은 단어들로 구성되어 있습니다.

각 단어에는 여러가지 뜻이 있고, 여러 역할(품사)로 사용될 수 있지만 주로 사용되는 뜻과 역할 위주로 배치하였습니다.

다만, 개념편에서 별도로 다룬 전치사, 조동사, 의문사 등은 활용빈도가 매우 높아 암기를 요하기에 부록에서 제외하였습니다.

영어 문장의 틀을 익혔으니, 부록에 실린 단어를 이용해서 일상 대화와 사건들을 영어로 표현해 보시길 바랍니다.

이 책과 함께
자동차 운전을 전혀 못했던 사람이 운전면허 시험을 준비하고 자동차 운전연수를 하는 시간만큼만 투자하십시오.
그러면, 영어구사에 자신감을 가지실 수 있을 것입니다.

그리고, 유투브 등을 통해 본인이 가장 재미있게 즐길 수 있는 "영어 드라이브" 코스를 선택해서 신나는 여행을 즐기시길 바랍니다.

원어민 음성 녹음 확인
응용편 원어민 발음이 들어있는 녹음 파일은 블로그에서 확인하세요.
https://blog.naver.com/bombeebooks/221661197363

차례

●●● 개념편

●●● 응용편

●●● 부록(단어)

개념
편

01 낫 놓고 기역자를 몰라도...
ABCD를 몰라도...

"낫 놓고 기역자도 모른다" 는 말이 있습니다.

말을 하는데, 한글을 전혀 읽지 못하는 사람들을 빗대는 말이었습니다.

아이들이 한글을 배울 때는 말이 익숙해진 후에 문자를 배웁니다.

이처럼, 알파벳을 몰라도 영어로 말은 할 수 있습니다.

일단, 영어로 기본적인 대화가 가능해지도록 말을 먼저 익힌 후 자주 사용하면서 실력을 확장해 나간다면, 영어가 공부가 아닌 생활이 됨에 따라 세월과 함께 영어실력도 자연스럽게 성장할 것입니다.

문자를 이용한 소통이 필요하다고 느낄 때, 알파벳과 단어 스펠링을 익힌다면 훨씬 수월하게 영어를 익힐 수 있을 것입니다.

그러면 영어 알파벳(The Alphabet)은 무엇일까요?

ㄱ ㄴ ㄷ ㄹ…. ㅏ ㅑ ㅓ ㅕ 등을 조합하여 한글 글자(단어)를 만들듯이 영어는 알파벳을 나열하여 영어글자(단어)를 만듭니다.

영어 알파벳에는 A,B,C,D… 등으로 이루어진 총 26자가 있으며, 이 중 A E I O U는 한글의 ㅏ ㅑ ㅓ ㅕ 같은 모음이고 나머지는 자음입니다.

같은 알파벳이라도 대문자와 소문자는 모양이 다릅니다. 대문자는 문장을 시작하는 첫 글자, 고유명사(사람 이름, 지명 및 특정한 이름 등) 등의 첫 글자 등에 사용합니다.

또한 손으로 필기할 때는 인쇄체에서 약간 변형된 필기체를 쓰기도 합니다.

02 정확한 발음과 문장의 높낮이에 익숙해 지세요

한글의 자음, 모음은 어느 자리에 있든지 발음이 변하지 않습니다.

특히, 한글 모음의 발음은 언제나 같습니다. 자음의 경우는 서로 다른 자음 두개가 함께 받침으로 쓰일 때 한쪽 자음만 소리나는 경우가 있기도 하지만, 이런 경우를 제외하고는 발음이 항상 같습니다.

하지만, 영어는 다릅니다.

하여, 영어사전은 단어마다 별도로 발음기호를 표기해 놓고 있습니다.

알파벳별로 정해진 발음이 있긴 하지만, 단어 속에서 특정 알파벳이 아예 발음이 나지 않는 경우도 많고, 변형된 소리가 나기도 합니다.

영어의 발음을 한글로 정확하게 표현하는 것은 사실상 불가능합니다. 유사한 발음의 미세한 차이를 표현하는 것은 더 어렵습니다.

또한, 강세와 높낮이의 차이로 다른 뜻이 되는 경우도 있는지라 비교적 쉬운 단어를 말하는 데도 원어민이 전혀 못 알아듣는 경우도 있습니다.

본 책에서 영어발음을 한글로 표기함에 있어 최대한 원어민의 발음으로 표현하고자 했지만, 영어발음의 한글표기는 학습의 편의를 위한것일 뿐 정확한 발음과는 어느 정도 거리가 있을 수 밖에 없습니다.

그러므로, 명확한 영어 발음에 익숙해 지기 위해서는 원어민의 정확한 발음을 듣고 직접 따라해 보시길 권합니다.

03 단어를 기능별로 분류했어요
여덟 가지 품사

알파벳을 옆으로 나열하여 단어를 만들고, 단어를 연결하여 문장을 만듭니다.

단어는 문장 안에서 차지하는 위치와 수행하는 역할에 따라 다음과 같이 여덟가지의 품사로 구분할 수 있습니다.

이름을 불러요	**명사**
이름 대신 불러요	**대명사**
동작이나 상태를 표현해요	**동사**
명사를 도와줘요	**형용사**
명사만 빼곤 다 도와줄 수 있어요	**부사**
다른 단어에 붙어서 다양한 표현을 만들어 내요	**전치사**
접착제 역할을 해요	**접속사**
감정이 배어 저절로 나오는 말	**감탄사**

03 이름을 불러요
명 사

사람, 사물, 장소나 눈에 보이지 않는 것 등을 부르는 말로 주어나 목적어로 쓰입니다.

명사는 하나, 둘처럼 숫자로 셀 수 있는 명사와 셀 수 없는 명사를 구분합니다. 그리고, 셀 수 있는 명사는 단수(한개)와 두 개 이상(복수)을 구분합니다. 복수인 경우 주로 철자 끝에 에스(s)나 이 에스(es)를 붙여 나타내며 아예 전혀 다른 철자를 쓰는 경우도 있습니다.

탁자 위에 책이 있습니다.
~에 / 있습니다 / 책이 / 탁자 위에

데어리스 어 북 온 더 테이블
There is a book on the table.

원숭이들이 바나나를 먹고 있습니다.
원숭이들이/ 먹고 있습니다/ 바나나들을

더 멍키스 아 이딩 버내너스
The monkeys are eating bananas.

나의 어머니는 유치원에서 어린이들을 돌봅니다.
나의 어머니는/ 돌봅니다/ 어린이들을/ 유치원에서

마이 머덜 테익스 케어로브 칠드런 인 어 킨덜갈든
My mother takes care of children in a kindergarten.

테이블(table: 탁자), 북(book:책), 멍키(monkey: 원숭이), 버내느어(banana: 바나나), 머덜(mother:어머니), 칠드런(children: 어린이들), 킨덜갈든(kindergarten: 유치원) 등이 모두 명사입니다.

칠드런(children)은 복수형으로 어린이들을 뜻하며, 한명의 어린이(단수)는 차일드(child)입니다.

멍키(monkey)와 버내느어(banana)에 스(s)가 붙어 복수형을 표현했습니다.

아 이팅(are eating): "비(be)동사+ 동사ing"는 현재진행형으로 "먹고 있다"는 뜻입니다. 비(be)동사는 주어와 문장의 시제에 따라 형태가 변하는데, 주어가 복수(원숭이들: 멍키스 monkeys)이고 현재시제 여서 아(are)를 썼습니다. 이팅(eating)은 잇(eat: 먹다)에 ing를 붙인 것입니다.

테익 케어로브(take care of): "오브(of)이하를 돌보다" 뜻으로, 주어(마이 마더 my mother)가 3인칭 단수이고 현재시제여서 동사 테이크(take)에 에스(s)를 붙였습니다.

03 이름 대신 불러요 대명사

"너" "그녀" "우리" "그들" "그것" 등과 같이 이름 대신 부르거나, 먼저 나온 명사를 다시 부를 때 명사 대신 쓰는 말로 주어나 목적어로 쓰입니다.

인칭 대명사의 변화

구분	주격(~은, 는)	소유격(~의)	목적격(을/를,에게)	소유대명사(~의 것)
1인칭 단수 나	아이 I	마이 my	미 me	마인 mine
1인칭 복수 우리	위 we	아우얼 our	어스 us	아우얼스 ours
2인칭 너, 여러분	유 you	유얼 your	유 you	유얼스 yours
3인칭 단수 그녀	쉬 she	허 her	허 her	헐스 hers
3인칭 단수 그	히 he	히스 his	힘 him	히스 his
3인칭 복수 그들	데이 they	데이얼 their	뎀 them	데이얼스 theirs

2인칭은 단수와 복수의 형태가 같습니다.

나의 어머니는 선생님입니다.
나의 어머니는/입니다/ 선생님

마이 머덜 이스 어 티쳐
My mother is a teacher.

그녀는 키가 나보다 큽니다.
그녀는/ 입니다/ 나보다 큰

쉬 이스 톨러 댄 미
She is taller than me.

우리는 함께 저녁을 먹었습니다.
우리는/ 먹었습니다/ 저녁을/ 함께

위 해드 디너 투게덜
We had dinner together.

나의 아버지는 교수님입니다.
나의 아버지는/ 입니다/ 교수

마이 파덜 이스 어 프러페서
My father is a professor.

그는 50세입니다.
그는/ 입니다/ 50세

히 이스 피프티 이어스 오울드
He is fifty years old.

위에서 쉬(she)는 나의 어머니를, 히(he)는 나의 아버지를 대신 부르는 말(대명사)로 쓰였습니다.
머덜(mother): 어머니 / 티쳐(teacher): 선생님 / 댄(than): ~ 보다
톨러(taller): 톨(tall: 큰)의 비교급으로 "~보다 큰"
해드(had): 해브(have: 소유하다)의 과거형, 여기선 먹다 의미로 쓰였음
디너(dinner): 저녁 / 투게덜(together): 함께 / 파더(father): 아버지
프러페서(professor): 교수 / 이어(year): 해, 년
오울드(old): 나이가 ~인, 늙은 / 피프티(fifty): 50

03 동작이나 상태를 표현해요 동사

사람이나 사물의 움직임(동작), 상태 등을 나타내는 말로 대부분 서술어로 쓰입니다. 문장의 시제는 오로지 동사를 통해 표현되고, 동사는 현재형, 과거형, 과거완료형으로 구분됩니다.

문장 안에 본동사는 하나밖에 쓸 수 없으며, 이에 따라 본동사 이외의 동사가 쓰일 때는 투(to) 부정사나 동명사 등 변형된 형태로 들어와 다른 품사의 역할을 합니다.

주어가 3인칭 단수(쉬she/히he/잇it, 그녀/그/그것)일 경우 현재형 동사에는 s나 es가 붙습니다.

과거형/과거완료형 동사는 현재형에 ed가 붙는 경우가 대부분이지만, 전혀 다른 철자인 경우도 있습니다.

비(be) 동사

우리말의 "~이다" "~다" 의미로 상태를 나타냅니다.

주어와 비(be)동사만으로는 완전한 문장이 될 수 없고 주어가 어떤 상태인지를 설명해주는 단어가 뒤에 와야 합니다.

비(be)를 원형으로 하고, 주어 및 시제에 따라 형태가 바뀝니다.

또한, 전치사와 결합하여 다른 동사의 뜻을 대신할 수 있는 경우가 많습니다.

인칭대명사별 비(be)동사 변화

구분	단수 주어	비(be)동사		복수 주어	비(be)동사	
		현재형	과거형		현재형	과거형
1인칭	아이(I)	엠(am)	워스(was)	위(We)	아 (are)	워어 (were)
2인칭	유(You)	아(are)	워(were)	유(You)		
3인칭	히(He) 쉬(She) 잇(It)	이스(is)	워스(was)	데이(They)		
	디스(This)			디이스 (These)		
	댓(That)			도우스 (Those)		

아이(I): 1인칭 단수 주어, 나는(저는), 내가(제가) 로 해석됨 /유(You): 2인칭(듣는 사람) 주어, 단수나 복수의 형태가 같으며 당신(너), 여러분들로 해석됨 / 위(we): 우리, 나(I)와 너(You)가 합쳐져서 우리가 되므로 당연히 복수임 /히(he): 그(남자) /쉬(she): 그녀(여자) /잇(it): 그것 /디스(this): 이것, 이 사람
댓(that):저것, 저 사람 /데이(they): 그(것)들 /디이스(these): 이(것)들 /도우스(those): 저/그(것)들

비(be)동사의 원형은 비(be)이며, 주어와 시제에 따라 형태가 바뀝니다. 주어가 단수(한명/한개)인지, 복수(두명/두개 이상)인지에 따라 아래와 같이 달라집니다.

주어가 단수일 경우
현재시제면 아이(I)는 엠(am), 유(You)는 아(are)이고 나머지(3인칭)는 이스(is)를 씁니다.

과거시제면 유(You)만 워어(were)이고, 나머지(1인칭/3인칭)는 워스(was)를 씁니다.

주어가 복수인 경우
현재형은 아(are)이며, 과거형은 워어(were)입니다.

03 동사를 도와주는 조동사

조동사는 본동사가 보다 다양하고 구체적인 의미를 표현할 수 있도록 도와주는 동사입니다.

두(do)동사를 제외하고는 주어의 인칭과 수에 따라 형태가 변하지 않으며, 조동사의 도움을 받는 본동사는 언제나 원형으로 쓰입니다.

많이 쓰는 조동사

캔(can): "~ 할 수 있다". "비동사+ 에이블 투(be동사+ able to)"도 같은 뜻으로 해석되는데 캔(can)에 비해 "능력 있음"이 더 강조됩니다.

쿠드(could): ~할 수 있었다(하고자 했다면)

메이(may): ~ 해도 좋다

마이트(might): ~일지도 모른다 (메이(may)보다 약한 추측), ~해도 된다

슈드(should): ~ 일 것이다. 해야 한다(하는 편이 좋다)

머스트(must): 해야 한다. ~임에 틀림 없다.

니드 투(need to): 할 필요가 있다(객관적인 이유로)

오우트 투(ought to): ~ 해야 한다(주로 법적으로)

해드 베러(had better): ~하는 것이 좋다(꼭 그래야 함)

해브 투(have to): ~해야 한다 (내키지 않을지라도)

윌(will): ~ 할 예정이다(미래에 대한 의지 표현)

우드(would): ~ 하곤 했다, ~ 하시겠어요?(정중한 질문 시)

샬(shall): ~ 할 것이다(강력한 미래 예언). ~할까요? (정중하게 물을 때), 계약서 및 강력한 명령(예: 십계명) 등에 쓰입니다.

너무 심각하게 생각하지 마
~ 하지마(조동사)/ 받다/ 너무 심각하게

돈 겟 투 씨어리어스
Don't get too serious.

부정 명령문입니다. 명령문은 주어를 생략하고 동사가 문장 앞에 오는데, 겟(get)이 일반동사여서 독자적으로 부정문을 만들지 못하고 조동사 두(do)를 썼습니다. 돈(don't)은 두 낫(do not)의 축약어입니다.
겟 (get): 얻다, 사다, 받다, 가져오다 / 투우(too): 너무, 또한 / 씨어리어스(serious): 심각한, 만만찮은

알아들었어?
~ 했다(조동사)/ 너(듣는 사람)/ 이해하다/ 그것?

디쥬 겟 잇?
Did you get it?

의문문으로 이미 했는지를 물어봄에 따라 두(do)의 과거형을 썼습니다. "디드"와 "유"가 합쳐지니 "디쥬"로 발음됩니다. "이해하다"는 의미의 동사 언덜스탠드(understand)를 쓸 수 있지만, 겟(get)이 더 자연스럽습니다. 잇(it)은 이미 언급되었거나 현재 이야기 되고 있는 것을 의미합니다.

나 차좀 태워 줄래?
할 수 있다(조동사)/ 내가/ 얻다/ 차타는 것

캔 아이 겟 어 롸이드?
Can I get a ride?

캔(can): 할 수 있다. 조동사로서 의문문이므로 문장 맨 앞에 왔습니다.   / 롸이드(ride): 타다, 타고 가기.
문장에서 본동사는 오로지 하나만 쓸 수 있습니다. 위 문장의 본동사는 겟(get)이고 롸이드(ride)는 명사로 쓰였습니다. 이에 따라, 명사 롸이드(ride) 앞에 부정관사 어(a)를 썼습니다.

제가 전화 받을께요.
제가/ ~할 것이다(미래 의지표현 조동사)/받다/전화

아이 윌 겟 잇
I will get it.

"전화를 받다"는 의미로 앤썰 더 폰(answer the phone)을 쓸 수도 있지만, 대화체에서는 위 표현이 더 자연스럽습니다. 앤썰(answer): 답하다/윌(will): ~ 할 예정이다(미래에 대한 의지 표현)/ 겟(get): 얻다, 사다,

03 동사를 도와주는 조동사

그는 의사 선생님임에 틀림 없어요.
그는/~ 임에 틀림 없다(조동사)/ ~ 이다 / 의사 선생님

히 머스트 비 어 닥터
He must be a doctor.

머스트 비(must be): ~ 임에 틀림 없다
닥터(doctor): 의사, 박사
비(be)동사가 조동사와 함께 쓰임에 따라 주어가 3인칭 단수임에도 이스(is)를 쓰지 않고 원형을 썼습니다.
즉, "히 머스트 이스 어 닥터 (He must is a doctor)" 는 문법상 틀린 문장입니다.

나 지금 숙제 끝내야 해
나는/ ~해야합니다(조동사)/ ~끝내다/ 나의 숙제/ 지금

아이 해브 투 피니쉬 마이 홈웍 나우
I have to finish my homework now.

피니쉬(finish): 끝내다, 가느다란
홈웍(homework): 숙제 / 나우(now): 지금
조동사 해브 투(have to)가 피니쉬(finish)와 함께쓰여 "끝내야 한다"는 의미가 되었습니다.

진찰을 받아보셔야 되겠어요.
당신(너)/ 필요가 있어요(조동사)/ 진찰을 받다

유 니드 투 씨 어 닥터
You need to see a doctor.

씨(see): 보다 / 씨 어 닥터(see a doctor): 진찰을 받다
닥터(doctor): 의사, 박사
조동사 "니드 투(neet to)"와 "씨어 닥터(see a doctor)" 가 함께쓰여 "진찰을 받을 필요가 있다"는 의미
가 되었습니다.

MEMO

03 명사를 도와줘요
형용사

"프리디(pretty: 예쁜), 콜드(cold: 차가운)" 등과 같이 명사에 대해 보다 구체적으로 설명하거나 명사의 상태를 나타냅니다.

우리 엄마는 비싼 가방을 샀습니다.
나의 엄마/ 샀습니다/ **비싼** 가방을
마이 마더 바트 언 **익스펜시브** 백
My mother bought an expensive bag.

우리 아빠는 키가 큽니다.
나의 아빠/ 입니다/ **키가 큰**
마이 파더 이스 **토올**
My father is tall.

03 명사만 빼곤 다 도와줄 수 있어요
부사

"조용히" "천천히" 등과 같은 말로 다른 부사, 동사, 형용사, 문장 전체를 꾸며주는 말입니다. 즉, 명사 이외의 다른 말/문장을 꾸며 줍니다.

자주 물어보는 질문
프리퀀틀리 애스크트 퀘스쳔스
Frequently asked questions (FAQ)

설탕을 추가하고 잘 섞어주세요.
추가하세요/ 설탕을/ 그리고/ 섞어 주세요/ **잘**
애드 슈가 앤 믹스 **웰**
Add sugar and mix well.

03 단어에 붙어서 다양한 표현을 만들어 내요
전치사

주로 명사나 대명사 앞에 놓여 위치, 시간, 방향, 소유 등을 명확히 하는 역할을 합니다. 단독으로 뜻을 표현하지 않고, 다른 단어들과 결합하여 다양한 표현을 만들어 냅니다. 하여, 비교적 쉬운 단어와 전치사를 연결함으로써 복잡하고 긴 단어를 대체할 수 있는 경우가 많습니다

인(in): ~ 안에(물리적, 추상적 공간의 안), ~으로(수단)
앳(at): ~ 에, 시간이나 장소의 특정 지점을 나타냄
온(on): ~ 위에(붙어 있는), 무엇의 표면에 닿거나 그 표면을 형성함, ~ 날/때 앞에도 붙임
인투(into): ~ 안으로, ~으로(변화)
프럼(from): ~ 로 부터(원인, 출신, 출발점)
씬스(since): ~ 이래로(계속되는)
언틸(until): (계속하여) ~까지
바이(by): ~ 옆에, ~ 까지(기한), ~로(방법)
투(to): ~에게, ~로(목적, 방향성)
포(for): ~을 위해, ~ 동안(목적과 방향)
어겐스트(against): ~에 반대하여(대립)
오브(of): ~의(속성 및 연관성)
어라운드(around): 약, 대략, ~ 쯤, ~ 주위(중심을 맴도는 둘레)
언더(under): ~ 아래, 한창 ~ 인
위드(with): ~ 와 함께(동반), ~를 써서(수단)
위다웃(without): ~ 없이
비포(before): ~ 앞에(시간이나 순서 상)
애프터(after): ~ 후에(시간이나 순서 상), ~을 쫓아서
비튄(between): ~ 사이에(시간, 장소, 사람 등)

나는 엄마를 위해 한 잔의 커피를 샀습니다.
나는/ 샀습니다/ 한잔의 커피/ 나의 엄마를 위해

아이 바~트 어 컵 오브 커피 포 마이 마더
I bought a cup of coffee for my mother.

바~트(bought): 바이(buy:사다)의 과거형
마이(my): 나의(한국어에서는 생략하지만 영어는 논리에 민감하여 생략하면 안됨)
마더(mother): 어머니

03 접착제 역할을 해요 접속사

문장 속에서 두 단어를 연결하거나 문장과 문장을 연결합니다..

앤드(and): 그리고, 비슷한 단어나 문장 연결
벗(but): 그러나, 반대되는 단어나 문장 연결
올(or): ~ 또는, 둘 중 하나를 선택
쏘(so): 그래서, 원인과 결과를 연결
비코~스(because): ~ 때문에(이유)
웬(when): ~ 할 때

애스 쑨 애스(as soon as): ~ 하자 마자
이프(if): 만일 ~ 하면
도우(though): 비록 ~ 이지만
올도우(although): 비록 ~ 이지만
댓(that): (명사절을 이끌며)
　　　　　　　~ 이라는/한다는 것

나는 빵 한 덩이와 과일을 먹었습니다.
나는/ 먹었습니다/ 빵 한덩이/ 그리고/ 과일을

아이 에잇 어 로오프 오브 브레드 앤 썸 프룻츠
I ate a loaf of bread and some fruits.

에잇(ate): 잇(eat:먹다)의 과거형 / 로오프(loaf): (구운)빵 한덩이
브레드(bread): 빵 / 썸(some): 조금, 약간 / 프룻(fruit): 과일

그는 차를 운전하는 것을 좋아합니다. 그러나, 방향 감각이 없습니다.
그는/ 좋아합니다/ 차를 운전하는 것. 그러나, 그는/ 없습니다/ 방향 감각

히 라익스 드라이빙 어 카. 벗, 히 해스 노 쎈스 오브 더렉션스.
He likes driving a car. But, he has no sense of directions.

라이크(like): 좋아하다 / 카(car): 자동차
드라이빙(driving): 운전하는 것, 드라이브(drive:운전하다)가 동명사로 변형됨
해스(has): 일반동사로서는 "가지다" 의미가 있음.
　　　　　주어가 3인칭 단수임에 따라 해브(have)대신 쓰임
노(no): ~ 없는(명사를 꾸며줄 때), 아니오(거부/부정의 답변), 안 돼(놀람, 충격)
쎈스(sense): 감각 / 오브(of): ~의(속성/연관성을 나타내는 전치사)
더렉션(direction): 방향

03 감정이 배어 저절로 나오는 말 감탄사

"와우 Wow!!" 등과 같이 감탄, 아픔 등을 느껴서 저절로 나오는 말입니다.

우리나라 말로 "아이구 머니나~" " 이런, 맙소사" 정도 해당하는 말로

오 마이 갓 (Oh my God)
오 마이 가디스(Oy my goddess)
등이 쓰입니다.

갇~(god): 신 / 가디스(goddess): 여신

"그녀는 예쁜 소녀입니다"
그녀는/ 입니다/ 예쁜 소녀

쉬 이스 어 프리디 걸
She is a pretty girl.

위 문장을 감탄문으로 표현한다는 것은 "그녀는 아주 예쁘다"며 감탄하는 느낌이 나는 문장으로 표현하는 것입니다.

그녀는 "아주 예쁜" 소녀입니다.
그녀는/ 입니다/ 아주 예쁜 소녀

쉬 이스 어 베리 프리디 걸
She is a very pretty girl

감탄문으로 표현하면, "그녀 정말 예쁘(예쁜 소녀)네요!"

하우 프리디 쉬 이스
How pretty she is !

얼마나 예쁜/ 그녀는/ 입니다.

왓 어 프리디 걸 쉬 이스
What a pretty girl she is !
무엇/ 예쁜 소녀/ 그녀는/ 입니다.

04 배열 순서(규칙)에 따라, 단어를 배열하면 문장이 돼요

우리나라말은 조사(은, 를 등과 같은 토씨)가 있어서 단어를 나열하는 순서가 틀려도 뜻이 통합니다. 하지만, 영어는 단어의 나열 순서가 달라지면 뜻이 달라집니다. 또한, 영어와 우리나라 말은 어순이 다르므로 문장을 이루는 큰 규칙, 즉 배열 순서를 이해할 필요가 있습니다.

영어문장을 분석하면, 크게 아래 다섯가지의 틀(문장의 5형식)로 구분되며, 주어(명사, 대명사)와 서술어(동사)를 필수로 하고 확대됨을 알 수 있습니다.

주어(S): "무엇이" "누가" 등에 해당되며 ~은/는, ~이로 해석됨 (명사, 대명사)

서술어(V): 동작이나 상태를 나타내며 ~ 이다, ~ 하다로 해석됨 (동사)

목적어(O): 행위/수여의 대상으로 ~ 을 ~를, ~에게로 해석됨 (명사, 대명사)

보어(C): 주어나 목적어를 보충 설명해 주는 말 (명사, 형용사)

S + V
주어(S)와 서술어(V)로만 이루어지는 경우

S + V + C
주어(S)와 상태를 나타내는 서술어(V) ,주어에 대한 보충설명(C)이 있는 경우

S + V + O
주어(S), 주어의 동작을 나타내는 서술어(V), 동작의 대상이 되는 목적어(O)

S + V + I.O (간접목적어) **+ D.O** (직접목적어) :
주어(S), 주어의 동작(수여행위)을 나타내는 서술어(V), 수여의 상대방이 되는 목적어(I.O), 행위의 대상이 되는 목적어(D.O)

S + V + O + O.C (목적보어)
주어(S), 주어의 동작(행위)을 나타내는 서술어(V), 행위의 대상이 되는 목적어(O), 목적어에 대한 보충설명을 해주는 목적 보어(O.C)

나는 울었다

아이 크라이드 (I : 주어, cried: 서술어)

아이(I): 1인칭 주어로 나는, 저는   / 크라이드(cried):울었다(크라이cry의 과거형)
보충 설명하는 말(보어)이 없어도 완전한 문장입니다.

그녀는 행복해 보인다.
그녀는/ 보인다/ 행복한

쉬 룩스 해피 (She: 주어, looks: 서술어, happy: 보어)

쉬(she): 그녀는   / 룩스(looks): 보이다   / 해피 (happy): 행복한

원숭이들이 바나나를 먹는다
원숭이들이/ 먹는다/ 바나나를

멍키스 잇 버내너스   (Monkeys : 주어, eat: 서술어, bananas: 목적어)

멍키스(Monkeys): 원숭이들은   / 잇 eat : 먹다 / 버내너스 bananas: 바나나들

그녀는 아들에게 자동차를 사줬다.
그녀는/ 사줬다/ 그녀의 아들에게/ 자동차를

쉬 바~트 허 썬 어 카
(She: 주어, bought: 서술어, her son: 간접목적어, a car: 직접목적어)

바~트(bought): 사줬다, 바이(buy)의 과거형 / 썬(son): 아들 / 카(car): 자동차

그 뉴~스는 사람들을 슬프게 했다.
그 뉴~스는/ 만들었다/ 사람들을/ 슬픈

더 뉴~스 메이드 피플 쌔드
(The news: 주어, made: 서술어, people:목적어, sad: 목적격 보어)

더 뉴~스 (The news): 그 뉴스 /메이드(made:): 만들었다, 메이크(make)의 과거형
피플(people): 사람들 / 쌔드(sad): 슬픈

05 함께 뭉쳐 하나처럼
구와 절

구 는 두개 이상의 단어가 한묶음이 되어 명사/형용사/부사 역할을 하는데 그 묶음에 속한 단어 중에 동사를 포함하고 있지 않은 경우입니다.

명사구

나는 지금 무엇을 해야할 지 모르겠습니다.
나는/ 모르겠습니다/ 무엇을 해야할지를/ 지금

아이 돈 노우 왓 투두 나우
I don't know what to do now.

노우(know): 알다 / 왓(what): 무엇 / 나우(now): 지금
서술어가 일반동사인 경우 조동사를 사용하여 부정문을 만들며, 돈(don't)은 두 낫(do not)의 축약어임.
왓 투두(what to do)는 "무엇을 해야할지를" 의미로, 목적어(명사)역할을 하고 있습니다.

형용사구

북쪽으로 부터 불어오는 바람이 매우 차갑습니다. .
그 바람/ 북쪽으로 부터 오는/ 입니다/ 매우 차가운

더 윈드 프럼 더 노우쓰 이스 비털리 코울드
The wind from the north is bitterly cold.

"북 쪽으로 부터 오는(프럼 더 노우쓰)"이 바람(윈드)을 꾸며줍니다.
윈드(wind): 바람 / 프럼(from): ~ 로 부터(원인, 출신, 출발점) /노우쓰(north): 북쪽
비털리(bitterly): 격렬히, 비통하게 / 코울드(cold): 추운, 차가운
더(the): 특정한 것, 유일 무이한 것 등임을 표시하기 위해 명사 앞에 붙는 관사입니다.

부사구

솔직히, 누구도 그 클럽에 가입하길 원하지 않을 겁니다.
솔직히, 아무도 ~ 않다/ 원하다/ 가입하기를/ 그 클럽

투 비 아니스트, 노바디 원츠 투 조인 더 클럽
To be honest, nobody wants to join the club.

아니스트(honest): 정직한 / 노바디(nobody): 아무도 ~ 않다, 보잘것없는 사람
원트(want): 원하다 / 조인(join): 가입하다, 연결하다
투 비 아니스트(to be honest)는 "솔직히" 의미로 문장 전체를 꾸며주는 부사역할입니다.

절은 주어 동사가 포함된 두개 이상의 단어가 한묶음이 되어 명사/형용사/부사의 역할을 하는 것입니다.

명사절

나는 그가 왜 서울에 갔는지를 모른다.
나는/ 모른다/ 그가 왜 서울에 갔는지를

아이 돈 노우 와이 히 웬 투 서울
I don't know why he went to Seoul.

서술어가 일반동사임에 따라 두(do)동사를 써서 부정문을 만들었습니다.
돈 노우(don't know): 모른다, 두 낫 노우(do not know)의 줄임말
와이 히 웬 투 서울(why he went to Seoul): "왜 그가 서울에 갔는지를" 의미로 목적어(명사)역할을 함

형용사절

이것이 당신이 전에 언급했던 리포트입니다.
이것은/ 입니다/ 그 리포트/ 당신이 전에 언급했던

디스 이스 더 리포트 댓 유 멘션드 비포
This is the report that you mentioned before.

멘션드(mentioned): 멘션(mention: 언급하다) 과거형 /비~포(before): ~ 앞에(시간/순서)
댓 유 멘션드 비~포(that you mentioned before): "전에 당신이(네가) 언급했던" 의미로
명사인 리포트(report)를 꾸며주는 형용사 역할을 하고 있습니다.

부사절

저는 당신이 어디를 가든지 함께할 것입니다.
저는/ ~일 것 것이다/ 이다 /당신과 함께/ 당신이 어디를 가든지

아이 윌 비 윗 유 웨어레버 유 고
I will be with you wherever you go

윌(will): ~일(할) 것이다.(의지표현) / 비(be)동사가 조동사 윌(will)과 함께 쓰임에 따라 원형을 썼습니다.
위드(with): 와 함께(동반), ~를 써서(수단   )/웨어(where): 어디로, 어디에 / 고(go): 가다
웨어레버 유 고(wherever you go): "당신이(네가) 어디를 가든지" 의미로 장소를 나타내는
부사 역할을 하고 있습니다.

아무 역할이나 잘 해요
투(to) 부정사

to부정사는 문장 속에서 다양한 역할(품사)로 쓰일 수 있기에 부정사(不定詞)로 불립니다. 동사의 주된 역할은 서술어 입니다. 하지만, 동사 앞에 to를 붙임으로써 명사(~하는 것), 형용사(~하는/할), 부사(~ 하기 위해)등의 역할로 다양하게 쓰일 수 있습니다.

그런데, 문장의 서술어가 지각동사/사역동사이고 부정사가 서술어의 목적어를 보충설명해주는 역할을 할 때는 투(to) 없이 동사원형만을 써야 하며, 이를 원형부정사라고 부릅니다.

지각동사 + 목적어 + 동사원형(원형부정사)
　　지각동사 : ~ 가 -하는 것을 보다, 듣다,느끼다

사역동사 + 목적어 + 동사원형(원형부정사)
　　사역동사 : ~ 로 하여금 -하게 하다

지각동사
씨(see:보다), 히얼(hear:듣다), 필(feel:느끼다) 처럼 감각기관을 통해 대상을 인식하는 의미를 나타내는 동사입니다.

사역동사
(목적어가 ~ 하도록 하다) 남에게 그 행동이나 동작을 하게 함을 나타내는 동사로 해브(have), 렛(let), 메이크(make)등이 있습니다

겟(get)에도 '시키다'라는 의미가 있지만, 사역동사가 아니기에 부정사를 쓸 때 투(to)를 생략하지 않습니다.

영어는 배우기 쉽습니다.
영어는/ 입니다/ 쉬운/ 배우기에

잉글리쉬 이스 이지 투 러언
English is easy to learn.

이지(easy): 쉬운, 편안한, 만만한, 용이함 / 러언(learn): 배우다, 암기하다, ~ 알게 되다
투 러언(to learn)은 "배우기에" 의미로 형용사인 이지(easy)를 꾸며주는 부사 역할을 하고 있습니다.

나의 취미는 피아노 연주입니다.
나의 취미는/ 입니다/ 피아노를 연주하는 것

마이 하비 이스 투 플레이 더 피애노
My hobby is to play the piano.

하비(hobby): 취미 /플레이(play): 놀다, 연주하다, 연극
플레이(play)가 "악기를 연주하다" 의미로 쓰일 때는 악기명 앞에 정관사 더(the)를 붙입니다.
"나의 취미 = 피아노 연주하는 것"임을 표현하며 명사역할을 하고 있습니다.

나는 이 기계의 사용 방법을 모릅니다.
나는/ 모릅니다/ 이기계를 어떻게 사용하는 지를

아이 돈 노우 하우 투 유스 디스 머쉬인
I don't know how to use this machine.

돈(don't): 두 낫(do not)의 축약형으로 "~ 하지 않다"는 의미입니다.
노우(know): 알다 / 하우(how): 어떻게(의문사)
유스(use): 사용하다, 사용 /디스(this): 이것 / 머쉬인(machine): 기계
하우 투 유스(how to use)는 "어떻게 사용하는 지를" 의미로 목적어로 쓰이며 명사 역할을 하고 있습니다.

06 투(to) 부정사 예문

보여줄게 있습니다.
나는/ 가지고 있습니다/ 어떤 것/ 보여줄/ 당신에게

아이 해브 썸띵 투 쇼우 유
I have something to show you.

해브(have): 가지다 / 썸띵(something): 어떤 것, 무엇, 중요한 것
쇼우(show): 쇼(공연), (..을 분명히) 보여주다, ~에게 보여주다, 하는 방법을 보여주다
투 쇼우(to show)가 "보여줄" 의미로 썸띵(something)을 꾸며줌으로써 "보여줄 것(게)" 의미가 되었습니다. 즉, 투(to) 부정사가 명사(썸띵 something)를 꾸며주므로 형용사 역할입니다.

그는 그의 친구를 만나기 위해 명동에 갔습니다.
그는/ 갔습니다/ 명동에/ 만나기 위해/ 그의 친구

히 웬 투 명동 투 밋 히스 프렌드
He went to Myungdong to meet his friend.

웬트(went): 고(go:가다)의 과거형
밋(meet): 만나다 / 프렌드(friend): 친구
명동은 고유명사임에 따라 대문자로 시작했으며, 방향성을 나타내는 전치사 투(to)와 함께 "명동에" 를 표현합니다. 투 밋(to meet)은 "만나기 위해" 로 해석되며 목적(부사적 역할)을 표현하고 있습니다.

당신(너)을 여기서 만나게 되어 기쁩니다.
저는/ 입니다/ 기쁜/ 만나게 되어/ 당신을/ 여기서

아이 엠 글래드 투 밋 유 히얼
I am glad to meet you here.

"주어+비(be)동사 서술어+ 형용사' 는 "주어가 형용사의 상태이다" 의미입니다.
즉, "아임 글래드(I am glad)"는 "나는 기쁘다" 입니다.
글래드(glad): 기쁜, 고마운, 기꺼이 하려는 / 밋(meet): 만나다 / 히얼(here): 여기에
투 밋(to meet)은 "만나게 되어" 의미로 원인(부사적 역할)을 표현하고 있습니다.

외국어를 배우는 것은 재미있습니다.
외국어를 배우는 것은/ 입니다/ 재미있는

투 러언 어 포렌 랭귀지 이스 펀
To learn a foreign language is fun.

"주어+ 비(be)동사 서술어+ 형용사" 형식 문장입니다.
러언(learn): 배우다 / 포~렌(foreign): 외국의 /랭기쥐(language): 언어 / 펀(fun): 재미있는
투 런(to learn)은 "배우는 것"의미로 쓰여서 주어 자리(명사 역할)에 있습니다.

문장의 주어는 "머리"와 같습니다. 이에 따라, 몸통에 비해 주어가 긴 경우 자연스럽지 않습니다. 하여, 이
러한 경우는 주어 자리에 잇(it)을 놓아 주어(가주어)로 삼고 진짜주어는 문장의 뒷부분에 배치합니다.
　예) 잇 이스 펀 투 러언 어 포렌 랭기쥐
　　It is fun to learn a foreign language.

긴 치마를 하나 사고 싶습니다.
나는/ 원합니다/ 사는 것을/ 하나의 긴 치마를

아이 원 투 바이 어 롱 스컬트
실제로는 아이 워너 바이 어 롱 스커트로 말합니다.
I want to buy a long skirt.

원트(want): 원하다 / 바이(buy): 사다
롱(long): 긴 / 스컬트(skirt): 치마

원트(want)는 "원하다"는 뜻을 가진 동사로 "무엇을"에 해당하는 목적어를 필요로 합니다.
즉, 투 바이(to buy)는 "사는 것을" 뜻으로 목적어(명사역할) 자리에 있습니다.

영어는 논리와 숫자에 민감합니다. 치마(스커트 skirt)가 불특정한 하나이고 바로 뒤에 자음이 왔으므로
부정관사 어(a)를 썼습니다. (개념 18, 관사편 참조)

07 동사가 명사로 변신했어요 동명사

동사에 ing 를 붙여 " ~ 하는 것"으로 해석되면서 명사 역할을 합니다.

동명사와 to부정사의 명사적 용법 모두 동사가 변형되어 명사 역할을 하는 면에서는 같습니다.

하지만, 동명사는 이미 일어난 것, 반복적인 것을 표현하는 반면, 명사적 용법 부정사는 미래적 관점의 서술어 다음에 쓰여 목표, 방향성을 표현합니다.

나는 피아노 연주하는 것을 좋아합니다.
나는/ 좋아합니다/ 피하노 연주하는 것을

아이 라이크 플레잉 더 피아노
I like playing the piano.

한글 문장에서도 "연주하다"가 "연주하는 것"으로 변신해서 목적어 역할을 하고 있습니다.
이처럼, 영어 문장에서도 동사인 플레이(play)가 플레잉(playing)으로 변신(동명사)하여 목적어 역할을 하고 있습니다.

영어를 배우는 것은 재미있습니다.
영어를 배우는 것은/ 입니다/ 재미있는

러닝 잉글리쉬 이스 펀
Learning English is fun.

나는 영어 배우기를 원합니다.
나는/ 원합니다/ 영어 배우기를

아이 원트 투 러언 잉글리쉬(실제로는 아이 워너 러언 잉글리쉬로 말합니다.)
I want to learn English

동사 러언(learn: 배우다)이 러닝(learning: 배우는 것)으로 변신(동명사)해서 주어 역할을 하고 있습니다.
미래적 관점의 서술어 원트(want) 다음에는 명사적 용법 부정사 투 러언(to learn)이 쓰였습니다.

08 동사가 형용사로 변신했어요 분사

"동사가 변형되어 형용사(명사를 꾸며주는) 역할을 하는 것입니다.

현재분사/과거분사는 시제의 다름을 나타내는 것이 아닙니다. 단지 해석에 차이가 있을 뿐입니다. 현재분사는 동사에 ing를 붙여 "~하는"(진행, 능동 의미)으로 해석되며, 과거분사는 동사에 ed를 붙여 "~한"(완료, 수동 의미) 으로 해석됩니다.

나는 울고 있는 그 아기를 보았다.
나는/ 보았다/ 울고있는 그 아기를

아이 싸우 더 크라잉 베이비
I saw the crying baby.

"울다"(동사)가 "울고 있는"으로 변신해서 "아기"를 꾸며주는 역할(형용사 역할)을 하고 있습니다.
즉, 크라이(cry)가 크라잉(crying)으로 변신, 베이비(baby)를 꾸며주고 있습니다.
쏘~(saw): 씨(see: 보다)의 과거형

부정관사 어(a) 대신 더(the)를 썼으므로 울고 있는 아기가 대화 당사자 간에 서로 알고 있는 아기이거나 이미 언급되었던 아기임을 나타냅니다. (개념 18, 관사 참조)

신이 나 보이네요.
당신(2인칭, 듣는 사람)/ 보입니다/ 신이나

유 룩 익사이티드.
You look excited.

한글문장에 주어가 없더라도 영어로 변환할 때는 해당되는 주어를 넣어줘야 합니다.
룩(look): 보다, 보이다 / 익사이트(excite): 흥분하게 만들다. 자극시키다.
동사 익사이트(excite)가 익사이티드(excited)로 변신, 유(You)를 보충 설명해 주는 형용사 역할을 하고 있습니다.

09 두개 이상 단어가 하나의 동사처럼 구동사

동사와 전치사, 동사와 부사 등 두개 이상의 단어가 합쳐져서 하나의 동사처럼 사용되는 경우를 의미합니다.

구동사를 이루는 동사들은 풋(put), 테이크(take), 렛(let)처럼, 철자가 길지 않으며 자주 사용되는 동사들입니다.

하여, 원어민들은 일상 대화에서 철자가 많은 어려운 단어를 쓰기보다는 같은 뜻을 가진 구동사를 많이 사용합니다.

구동사는 구성하는 단어의 뜻을 통해 그 뜻을 유추할 수도 있지만, 전혀 새로운 뜻을 나타내는 경우도 많습니다.

우리는 결혼을 연기했다.
우리는/ 연기했다/결혼을

위 풋 오프 더 웨딩
We put off the wedding.

풋(put)은 현재/과거/과거완료형 철자가 같으며, 풋오프(put off)는 "연기하다"는 뜻으로 쓰였습니다.
웨딩(wedding): 결혼(식) / 풋오프(put off): 연기하다

모자를 벗어 주시겠어요?
~해주시겠어요/ 벗다/ 당신의 모자를

우주유 테이크 오프 유얼 햇?
Would you take off your hat?

우주유(would you): ~ 해 주시겠어요?(정중한 부탁), 문장 끝에 플리이스(please)를 붙여주면 더 공손한 느낌입니다.

테이크 오프(take off): 벗다 / 풋온(put on): 입다
테이크 온(take on): 고용하다, 싣다, 떠 맡다, 태우다
햇(hat): 모자

10 동작의 대상이 주어 자리에 있어요 수동태

동작을 하는 행위자가 문장의 주어가 되는 것이 일반적입니다. 그런데, 동작의 대상을 강조하기 위해 동작의 대상을 주어 자리에 놓는 경우가 있는데 이를 수동태 문장이라고 합니다.

동작의 대상을 주어로 하고, 비(be) 동사와 함께 수동분사(과거분사)를 쓰며 행위자를 바이(by)로 연결합니다. 경우에 따라서는 "by 행위자"는 생략되기도 합니다.

제가 그 창문을 깼습니다.
제가/ 깼습니다/ 그 창문을

아이 브로크 더 윈도우
I broke the window

수동태로 바꾸면

그 창문은 저에 의해 깨졌어요.
그 창문은/ 깨졌어요/ 저에 의해

더 윈도우 워스 브로큰 바이 미
The window was broken by me

누군가 내 모자를 훔쳐갔습니다.
누군가/ 훔쳐갔습니다/ 내 모자를

썸원 스톨 마이 햇.
Someone stole my hat.

수동태로 바꾸면

내모자가 도난 당했습니다.
내모자가/도난 당했습니다/ 누군가에 의해

마이 햇 워스 스톨른 바이 썸원
My hat was stolen by someone.

브레익(break): 깨다 (과거형: 브로욱 broke, 과거 분사: 브로우큰 broken) /윈도우(window): 창, 창문
스티얼(steal): 훔치다(과거형: 스토올 stole, 과거분사: 스톨른(stolen) /햇(hat): 모자

11 아닙니다. 몰라요!
부정문

"낫(not)"을 사용하여 "아님" "못함" 등을 나타내는 문장입니다. 서술어가 비(be)동사인 경우는 비(be) 동사 다음에 not을 붙여 부정문을 만듭니다. 하지만, 서술어가 일반동사일 경우는 부정문을 만들기 위해 조동사가 필요합니다. 즉, 조동사+ 낫(not) +일반동사(원형) 형태로 표현합니다.

즉, 비(be)동사와는 달리 일반 동사는 단독으로 부정문이나 의문문을 만들 수 없고, 조동사의 도움을 받아야 하며, 조동사 뒤에 오는 일반동사는 동사원형 형태로 씁니다

나는 선생님입니다.
나는/ 입니다/ 선생님

아이 엠 어 티쳐.
I am a teacher.

이를 부정문으로 바꾸면

나는/아닙니다/선생님

아이 엠 낫 어 티쳐
I am not a teacher.

나는 그녀를 압니다.
나는/ 압니다/ 그녀를

아이 노우 허
I know her.

이를 부정문으로 바꾸면

나는/모릅니다/그녀를

아이 두낫 노우 허 (아이 돈 노우 허)
I do not know her. (I don't know her)

서술어가 일반동사이므로 부정문을 만들기 위해 조동사 "두do + 낫not,+ 일반동사 원형" 형태로 표현합니다. 두 낫(do not)은 줄여서 돈(don't)으로 표현합니다. 두(do)동사는 시제가 과거일 때는 디드(did), 주어가 3인칭 단수이며 시제가 현재일 때는 다스(does)로 형태가 변합니다.
티쳐(teacher): 선생님 / 노우(know): 알다

MEMO

12 질문합니다
의문문

대답을 기대하며 질문하는 문장입니다. 서술어가 비(be) 동사인 경우는 비(be) 동사와 주어의 위치만 바꿔주면 됩니다. 즉, 비(be)동사가 주어 앞으로 나오고 문장 끝에 물음표를 붙이면 됩니다.

서술어가 일반 동사인 경우는 문장 앞에 조동사(두 Do 등)를 쓰고 주어 다음에 나오는 서술어는 동사원형을 쓰며 물음표를 추가하면 됩니다.

6하 원칙에 해당하는 질문일 경우 의문사를 사용하여 질문하는데, 이 경우는 의문사를 문장 맨 앞에 놓고 의문문 어순의 문장을 그대로 연결하면 됩니다.

의문사는 후(who 누구), 웬(when 언제), 왓(What 무엇), 웨어(Where 어디에), 와이(why 왜), 하우(how 어떻게)와 위츠(which 어느것)가 있습니다.

시간 있으세요?
(조동사)/너(2인칭, 듣는 사람)/ 가지다/시간?

두 유 해브 타임?
Do you have time?

그게 무슨 뜻인가요?
무슨(의문사)/(조동사)/너(2인칭, 듣는 사람)/의미하다/그것은

왓 두 유 미인 바이 댓?
What do you mean by that?

어떤 음식을 가장 좋아하세요?
무엇(의문사)/입니다/ 너(2인칭, 듣는 사람)의/ 가장 좋아하는/ 음식?

홧스 유어 페이버릿 풋?
What's your favorite food?

타임(time): 시간 / 민~(mean): 의미하다 / 댓(that): 그것
바이(by): ~ 옆에, ~ 까지(기한), ~로(방법) /바이 댓(by that): 그것은 (직역: 그것에 의해)
페이버릿(favorite): 매우 좋아하는, 특히 잘하는 /풋(food): 음식, 식품

12 의문사를 이용한 의문문

어디 가시는 중이세요?
어디에/ 입니다/ 당신(듣는 사람)/ 가는 중

웨어 아 유 고잉?   웨어(where): 어디에, 어디로
Where are you going?

무슨 문제입니까?
무엇/ 입니까/ 문제가

왓쓰 더 매더?   왓(what): 무엇
What's the matter?

어느것 살 거예요?
어느것/~ 할 것이다/ 너(주어)/ 사다?

위츠 원 윌 유 바이?   위츠(which): 어느것
Which one will you buy?

중국 생활이 어떠세요?
어떻게/ 입니다/ 생활/ 중국에서?

하우스 라이프 인 차이나?   하우(how): 어떻게
How's life in China?

언제 끝나요?
언제/ ~ 할것이다/ 그것/ 끝나다?

웬 윌 잇 엔드?   웬(when): 언제
When will it end?

그녀에게 데이트 신청하지 그래?
~ 하는게 어때요/ 요청하다/ 그녀에게/ 외부데이트

와이 돈츄 애스크 허 아웃?   와이 돈츄(why don't you): ~하는게 어때요?
Why don't you ask her out?

아 고잉(are going): 비(be)동사 + 동사ing 형태의 "현재진행형" 표현으로 "가고 있는 중"을 의미합니다.
매더(matter): 문제 / 바이(buy): 사다 / 라이프(life): 삶, 인명 / 차이나(China):중국
엔드(end): 끝나다, 끝 / 애스크(ask): 요청하다 / 애스크 아웃(ask out(: 데이트 신청하다

13 해라!! 하세요!! 명령문

상대방에게 어떤 행동을 명령하거나 지시하는 문장입니다.

주어를 생략하고 동사원형으로 시작합니다.
부정문은 "하지 마세요" 의미인 돈트(Don't)를 앞에 붙입니다. 문장 앞 또는 뒤에 "플리이스 (please)"를 붙이면 부드러운 느낌이 됩니다.

조심하세요!
(동사원형) 입니다/ 조심스러운

비 케얼풀
Be careful

조용히 하세요!
(동사원형) 입니다 또는 유지하다/ 조용한

비 콰이엇 또는 킵 콰이엇
Be quiet! 또는 Keep quiet

비밀로 해 주세요.
(동사원형) 유지하다 /그것/ 비밀로

킵 잇 어 씨크릿
Keep it a secret!

걱정하지 말고, 행복하세요.
하지마세요/걱정, (동사원형) 입니다 /행복한

돈 워리, 비 해피
Don't worry, be happy!

비(be) 동사는 주어와 형용사를 연결하여 주어의 상태를 나타냅니다.
케얼풀(careful): 조심스러운 / 콰이엇(quiet): 조용한 / 킵(keep): 유지하다
씨크릿(secret):비밀 / 워리(worry): 걱정하다/ 해피(happy): 행복한

MEMO

14 언제에 대한 말 인지를 알 수 있어요 시제

말하는 시간을 기준으로 사건이나 사실이 일어난 시간상의 위치를 나타냅니다.

시제는 오로지 서술어인 동사를 통해 표현되는데, 과거 완료, 과거, 현재 완료, 현재, 현재 진행, 미래, 미래 완료 등으로 구분하여 표현합니다.

또한, 동사는 현재형, 과거형, 과거분사형으로 구분하여 대부분 서로간 철자를 달리하고 있습니다. 동사의 과거형과 과거분사형은 현재형 동사에 드(ed)를 붙이는 경우가 대부분이며 (규칙동사), 철자가 아주 다른 경우도 있습니다

시제를 표현함에 있어 현재시제와 과거시제 이외에는 조동사(해브: have 등)의 도움이 필요합니다.

현재진행은 현재 동작을 하고 있는 상태를 표현합니다. 상태동사인 비(be) 동사와 함께 동작동사에 ing를 붙인 형태를 같이 써서 표현합니다.

완료시제 (해드/해브/해스 had/ have/ has + 과거분사)

해브(have) 동사와 일반동사의 과거분사형을 결합하여 표현합니다.

"특정시점"이 아닌 두 시점을 선처럼 연결하여 경험, 계속, 완료, 결과 등을 나타냅니다. 가령, 현재완료는 과거의 동작을 현재와 연결시켜 현재상태를 강조합니다. 이처럼, 과거 완료는 과거 특정 시점 이전의 동작을 과거 특정 시점과 연결시켜서 과거 특정 시점의 상태를 강조합니다.

해브(have)는 일반동사로 쓰일경우 "가지다, 소유하다"는 뜻을 가집니다. 따라서, 완료시제 "해브(have) 동사+ 과거분사"는 **과거분사의 상태를 "가지고 있다"**는 의미가 됩니다.

완료진행시제

완료시제와 진행시제의 결합형(해브 have동사 + 빈 been +동사ing)으로 특정 시점까지 동작이 계속 진행 중임을 표현합니다. 가령, 현재완료진행은 해브빈 have been ~ ing으로 **"현재까지 ~ 해온 중임"**의 뜻을 표현합니다.

그는 그림을 아주 잘 그립니다.
그는/ 그립니다/ 그림을/ 아주 잘

히 드로스 픽춰스 베리 웰
He draws pictures very well.

드로~(draw): (색칠하지 않고 연필로) 그리다   /픽춰(picture): 그림, 사진
베리(very): 매우   / 웰(well): 잘
현재의 사실을 말함에 따라 현재 시제(현재형 동사)로 표현했습니다.
주어가 3인칭 단수이고 시제가 현재이므로 동사에 s를 붙였습니다.

저는 집으로 가고 있습니다.
저는(나는)/ 가고 있는 중입니다/ 집으로

아임 헤딩 홈
I'm heading home.

아임(I'm)은 아이 엠(I am)의 축약형입니다.
헤드 투(head to: ~로 향하다 *
 (홈(home)과 함께 쓸때는 '홈home'이 '으로'의 뜻도 포함하고 있어 '투'(to)를 생략합니다.)
홈(home): (특히 가족과 함께 사는) 집, 집으로
비(be)동사와 동사의 ing 형을 함께 써서 현재진행형을 표현하고 있습니다.

그녀는 어제 아팠습니다.
그녀는/ 이었습니다(상태동사)/ 아픈/ 어제 (그녀는 어제 아픈 상태였습니다)

쉬 워스 씩 예스터데이
She was sick yesterday.

씩(sick): 아픈, 병든 / 예스터데이(yesterday): 어제
주어가 3인칭 단수이고, 시제가 과거(어제)이므로 비(be)동사의 3인칭 과거형 워스(was)를 썼습니다.

14 문장을 통해 시제를 이해해요

영어 공부해 본 적 있으세요?
당신(듣는 사람)/ 한번 이라도/ 공부한 적/ 영어를

해브 유 에버 스타디드 잉글리쉬?
Have you ever studied English?

에버(ever): 한번 이라도, 언제나, 도대체(의문사 뒤에서 놀람을 나타낼 때)
스타디드(studied): 스터디(study)의 과거/과거분사 형, 여기서는 과거분사형임
해브(have)와 과거분사형이 함께 쓰여 '현재완료 시제'를 표현하고 있습니다. 즉, 과거부터 현재까지 쭉
이어진 상황에서 현재 상태에 촛점을 맞춰 "지금까지 ~한 적" 있는지를 묻고 있습니다.

그녀는 내일 새 우산을 하나 살 것이다.
그녀는/~일 것이다/ 사다/ 하나의 새 우산을/ 내일

쉬 윌 바이 어 뉴 엄브렐러 투모로우
She will buy a new umbrella tomorrow.

"윌(will)+동사의 원형"은 "~할 것이다, ~일 것이다" 뜻으로 (미래시제)"를 표현합니다.
바이(buy): 사다 / 뉴(new): 새로운
엄브렐러(umbrella): 우산 / 투모로우(tomorrow):내일

우리는 모레 소풍을 가지 않을 것이다.
우리는/ ~안할 것이다/ 소풍을 가다/ 모레

위 오운트 고 온 어 피그닉 더 데이 애프터 투모로우
We won't go on a picnic the day after tomorrow.

오운트(won't): 윌 낫(will not)의 축약어, ~ 할 예정이다의 부정 표현
고(go): 가다 / 피그닉(picnic): 소풍 / 해브어 피그닉(have a picnic): 소풍을 가다
고 온 어 피그닉(go on a picnic): 소풍을 가다
더 데이 애프터 투모로우(the day after tomorrow): 모레
데이(day): 하루, 날 / 애프터(after): ~ 후에(시간이나 순서 상)

오늘 저녁 남동생과 함께 외식할 예정입니다.
나는/ ~할 예정입니다/ 외식하다/ 나의 남동생과 함께/ 오늘 저녁

아임 고잉투 잇 아웃 윗 마이 영거 브라더 디스 이브닝.
I'm going to eat out with my younger brother this evening.

실제로는 "아임 고너 잇 아웃 윗 마이 영거 브라더 디스 이브닝"으로 말합니다.

"비(be)동사+고잉 투(going to)+ 동사원형"은 "미리 계획했던 것을 ~ 해야지" 의미입니다.
잇 (eat): 먹다 / 아웃(out): 밖으로 / 잇 아웃(eat out): 외식하다
위드(with): ~ 와 함께(동반), ~를 써서(수단) / 브라더(brother): 형, 오빠, 남동생
영거(younger): 보다 젊은, 영(young:젊은)의 비교급 / 이브닝(evening): 저녁

그녀는 내가 전에 일본에 가본 적이 있는지 궁금해했다.
그녀는/ 궁금해했다/ ~인지/ 내가/ 가본 적이 있다/ 일본에/ 전에

쉬 원더드 이프 아이 해드 빈 투 재팬 비이포
She wondered if I had been to Japan before.

원더드(wondered): 원더(wonder: 궁금하다, ~할까 생각하다)의 과거형
원더 이프(wonder if): ~여부를 궁금해하다/ 재팬(Japan): 일본, 고유명사이므로 첫글자를 대문자로 표시
해브 빈 투(have been to): ~ 에 가본 적이 있다.
"해드(had)+ 동사의 과거분사형"형태는 "과거완료 시제"로 과거 특정시점 이전 부터 과거 특정 시점까지
쭉 이어진 상황에서 과거 특정시점의 상태에 촛점이 맞춰집니다.
비포(before): ~ 앞에(시간이나 순서 상)

나는 그와 한시간 동안 이야기하는 중입니다.
나는/ 말하고 있는 중입니다/ 그와/ 한 시간 동안

아이 해브 빈 톡킹 윗 힘 포~ 런 아워.
I have been talking with him for an hour.

해브(have) 빈(been) + 동사 ing는 "현재완료 진행형"으로 과거부터 시작되어 현재까지 쭉 진행 중임을
나타내는 표현입니다.
톡(talk): 이야기하다 /포(for): ~을 위해, ~ 동안(목적, 방향) /아워(hour): 시간

15 연결하면서 중복되는 내용을 생략해요
관계대명사

두 문장을 연결하는 접속사 역할과 더불어 뒷 문장의 주어 역할(주격 관계 대명사) 또는 목적어 역할(목적격 관계대명사)을 하는 대명사입니다.

접속사는 두 단어나 두 문장을 연결하는 접착제 역할을 합니다. 관계대명사는 두 문장을 연결하는 접착제(접속사) 역할과 더불어 두 문장을 연결함에 있어 뒷 문장에서 앞 문장과 중복되는 단어를 흡수하고 그 흡수된 단어의 역할까지 대신합니다.

흡수된 단어(명사)가 사람이면 후who, 사물이면 위츠which를 쓸 수 있고, 댓 that은 사람/사물 모두에 쓸 수 있습니다. 또한, 흡수된 단어(명사)가 뒷 문장에서 주어 역할을 하고 있었으면 "주격 관계대명사"이고 목적어 역할을 하고 있었으면 "목적격 관계대명사"입니다. 그리고, 목적격 관계대명사는 아예 관계대명사 자체를 생략해도 됩니다.

너 그 숙녀분 알아? 그 숙녀분은 어제 내 딸에게 예쁜 인형을 사줬어.
너/ 알아/ **그 숙녀?** /**그 숙녀**/ 사줬어/ 내딸에게/ 예쁜 인형/ 어제

너/ 알아 **그 숙녀/ 누구**/ 사줬어/ 내딸에게/ 예쁜 인형/ 어제

두 유 노우 **더 레이디 후** 바~트 마이 다터 어 프리디 다알 예스터데이?
Do you know **the lady who** bought my daughter a pretty doll yesterday?
내 딸에게 어제 예쁜인형 사준 숙녀분 알아?

두 문장에서 "그 숙녀'가 중복되었습니다.
하여, 뒷 문장의 "그 숙녀"를 생략하고 "접속사와 대명사 역할"을 동시에 하는 "관계대명사"로 연결합니다. 흡수되는 단어(명사)가 사람이므로 관계대명사는 후(who) 또는 댓(that)을 쓸 수 있습니다.

관계대명사에 흡수된 그 숙녀(더 레이디/the lady)는 뒷 문장에서 주어역할을 하고 있었습니다.
따라서, 주격 관계대명사입니다.

레이디(lady): 여자분 / 바~트(bought): 바이(buy:사다)의 과거/과거 완료형
다터(daughter): 딸 / 프리디(pretty): 예쁜
다알(doll): 인형 / 에스터데이(yesterday): 어제

15 문장을 통해 관계대명사를 이해해요

이것이 그 가방입니다. 나는 그 가방을 사기 원합니다.
이것/ 입니다/ **그 가방**. 나는 / 원합니다/ 사는 것을/ **그 가방**

이것/입니다/ **그 가방**/ **그 것**/ 나는/ 원합니다/ 사는 것을

디스 이스 더 백 댓 아이 원 투 바이
(실제로는 "디이 이스 더 백 댓 아이 워너 바이"로 발음하게 됩니다)
This is **the bag that** I want to buy.
이것이 내가 사기를 원하는 그 가방입니다.

백(bag): 가방 / 원트(want): 원하다 / 바이(buy): 사다

두 문장에서 "그 가방'"이 중복되었습니다.
하여, 뒷 문장의 "그 가방"을 생략하고 "접속사와 대명사 역할"을 동시에 하는 관계대명사로 연결합니다.
관계대명사로 흡수되는 단어(명사)가 사물이므로 위츠(which)를 써도 되지만, 사물/사람 모두 가능한
댓(that)을 썼습니다.
흡수된 단어(명사)가 뒷 문장에서 목적어 역할을 하므로 댓(that)은 "목적격 관계대명사"이며 생략 가능합
니다.

이것이 그것입니다. 나는 그것을 원합니다.
이것이/ 입니다/ **그것**, 나는/ 원합니다/ **그것**
이것이/ 입니다/ **무엇**/ 내가/ 원합니다.

디스 이스 왓 아이 원트
This is what I want.
이것이 내가 원하는 것입니다.

원트(want): 원하다.
왓(what)이 관계대명사로 쓰일 때 뒷 문장의 중복된 단어 뿐만 아니라 선행사(관계대명사 바로 앞에 오는
명사)까지 흡수한 후 선행사 역할도 겸합니다. 따라서, 선행사 없이 " ~ 인것, ~ 하는 것"의 의미로 해석됩
니다. 즉, 왓(what)은 , 더 띵 위츠(the thing which)와 같은 의미입니다.

16 연결하면서 중복되는 내용을 생략해요
관계부사

관계대명사와 비교할 때, 두 문장을 이어주는 접속사 역할을 하는 점은 동일합니다. 다만, 흡수되는 단어가 뒷 문장에서 주어나 목적어 역할을 하는 단어가 아니고 장소, 시간, 이유 방법 등을 나타낸다는 점에서 다릅니다. 흡수하여 대신하는 내용이 시간에 대한 내용이면 웬when, 장소는 웨어where, 이유는 와이why, 방법은 하우how를 써서 두 문장을 연결하는데 이들을 관계부사라 부릅니다.

나는 아직 그 날을 기억합니다. 우리는 그날 처음으로 만났습니다.
나는/ 아직/ 기억합니다/ **그날**, 우리는/ 처음으로/만났습니다/**그날**

나는/아직/ 기억합니다/ **그날/그 때**/우리는/ 처음으로/만났습니다.

아이 스틸 리멤버 **더 데이 웬** 위 퍼스트 멧
I stilll remember **the day when** we first met.

뒷 문장에서 중복되는 단어가 "그 날"로 시간에 관한 내용이므로 웬(when)으로 연결합니다.
웬(when): 언제, ~ 하는 때에 / 스틸(still): 아직, 훨씬 / 리멤버(remember): 기억하다
데이(day): 날, 하루 / 퍼스트(first): 첫째, 맨 먼저 / 멧(met): 밋(meet: 만나다)의 과거 및 과거완료형

이게 그 집입니다. 그녀가 그 집에 삽니다.
이것이/ 입니다/ **그집**, 그녀가/ 삽니다/ **그 집에**

이것이/ 입니다/ **그집**/ **그장소에**/ 그녀가 삽니다.

디스 이스 더 하우스 웨어 쉬 리브스
This is **the house where** she lives.

뒷 문장에서 중복되는 단어가 ""그 집에" (장소) 이므로 웨어(where)로 두 문장을 연결합니다.
웨어(where): 어디에, 어디로, ~한 곳 / 하우스(house): 집
리브(live): 살다 / 리브 인(live in): ~ 에 살다.

17 누가 더 큰가요, 어느 것이 가장 빠른가요?
비교급과 최상급

비교급은 두 대상을 비교하여 " ~ 보다 더 ~ 하다" 는 표현이고, 최상급은 비교의 대상이 되는 것들 중 성질이나 상태의 정도가 제일(최상)인 것을 의미합니다.

단어를 구성하는 철자가 많지 않을때는 비교급은 er, 최상급은 est를 원 단어 철자 끝에 덧붙임으로써 표현하는 경우가 대부분입니다. 그리고, 단어를 구성하는 철자가 많을 경우는 원래 단어 앞에 모어(more), 모스트(most) 등을 추가하여 비교급과 최상급을 각각 표현합니다. 한편, 비슷한 둘의 상태는 "애스(as)+ 상태표현 단어+ 애스(as)" 형식으로 표현합니다.

내 친구 지니는 나보다 젊어 보인다.
내 친구 지니/ 보인다/ 더 젊은/ 나보다

마이 프렌드 지니 룩스 영거 댄 미
My friend Jini looks younger than me.

그는 막내(가장 어린) 아들입니다.
그는/ 입니다/ 가장 젊은(어린)/ 아들/~ 안에서/ 그의 가족

히 이스 더 영기스트 썬 인 히스 패밀리
He is the youngest son in his family.

이것은 이 가게에서 가장 비싼 가방입니다.
이것은/ 입니다/ 가장 비싼/ 백/ 이 가게에서

디스 이스 더 모스트 익스펜시브 백 인 디스 스토어.
This is the most expensive bag in this store.

그녀는 인형처럼 예쁘다
그녀는/ 입니다/ ~ 처럼 예쁜/ 인형

쉬 이스 애스 프리디 애스 어 달
She is as pretty as a doll.

프렌드(friend): 친구/ 영(young): 젊은 / 영거(younger): 보다 젊은 / 영거스트(youngest): 가장 젊은
썬(son): 아들 / 패밀리(family): 가족 / 모스트(most): 최대, 가장 많은, 대부분
익스펜시브(expensive): 비싼, 돈이 많이 드는 /백(bag): 가방 / 스토어(store): 가게 / 달(doll): 인형
최상급과 서수(예: 퍼스트 first 첫번째) 앞에는 정관사 더(the)를 붙입니다.

18 명사가 모자를 쓰고 문장 속으로 들어옵니다
관사

영어는 논리와 숫자에 매우 민감합니다. 하여, 명사가 셀 수 있는 명사인지 셀 수 없는 명사인지를 구분합니다. 셀 수 있다면 한 개 인지, 두 개 이상인지, 일반적인 것인지 특정한 것인지를 구분해 표현해 줍니다.

관사는 명사 앞에서 이러한 정보를 전달하는 역할을 합니다. 셀 수 있는 명사인데 한개이며 특정한 것이 아닌 경우 "일반적인 것 중의 하나"라는 뜻의 부정관사를 명사 앞에 붙여줍니다. 이때, 부정관사의 형태는 그 뒤에 오는 명사가 모음(a,e,i,o,u)으로 시작하면 언(an)을 쓰고 자음으로 시작하면 어(a),를 씁니다.

셀 수 있는 명사가 관사 없이 단수로 쓰인 경우는 형체가 아닌 본질/목적을 나타냅니다. (예: 고 투 처얼츠 go to church: 예배하러 가다, 온 티브이 on TV : 티 브이 방송 출연)

이미 언급한 것(알고 있는 특정한 것), 말하는 당사자가 서로 알고 있는 것 등 일반적인 것 중의 하나가 아닌 "특정한 것"을 말할 때는 부정관사를 쓰지 않고 정관사 더 the(뒤에 오는 명사가 자음으로 시작하면 '[ð/더]'라고 읽고, 모음으로 시작하면 '[ði/디]'라고 읽음)를 씁니다.

정관사 the(디/더)는 특정한 것을 표시하는 관사입니다.

이에 따라, 경계/범위가 불분명한 것을 특정하게 구분 짓는 역할(산맥이름 앞, 강이름 앞)을 하기도 하며, 세상에 단 하나 밖에 없는 것(더 썬 the sun: 태양), 일반 명사가 고유명사화 한 것(예 더 블루 하우스 the Blue house 청와대) 등의 앞에도 옵니다.

또한 더 독(the dog)은 독(dog:개) 종족 전체를 의미하고, 더 올드(the old)와 같이 형용사 앞에 오면 "나이든 사람들(노인)" 과 같이 "~ 한 사람들" 의미가 됩니다.

플레이(play)는 "운동하다/연주하다" 뜻으로 쓰입니다. 그런데, 뒤에 나오는 목적어로 운동의 종류가 오면 관사가 붙지 않고, 악기가 와서 연주하다는 뜻일 때는 악기 앞에 관사를 붙입니다.

18 문장을 통해 관사를 이해해요

나는 어제 매우 예쁜 소녀 한명을 만났습니다.
나는/ 만났습니다/ 한명의 매우 예쁜 소녀를/ 어제

아이 멧 어 베리 프리디 걸 에스터데이
I met a very pretty girl yesterday.

특정되지 않은 한명의 소녀를 말함에 따라 부정관사를 씁니다.
그리고, 걸(girl)이 자음으로 시작하므로 어(a)가 되었습니다.

"한명의 매우 예쁜 소녀" 는 꾸며지는 말 여러개가 계속해서 이어지고 있습니다.
"한명의(부정관사) 매우(부사) 예쁜(형용사) 소녀(명사)"를 한글 순서대로 각 단어를 영어로 바꿔주면 됩니다. 즉, 어 베리 프리디 걸(a very pretty girl)이 되었습니다.

멧(met): 밋(meet: 만나다)의 과거 및 과거완료형 / 베리(very): 매우, 바로
프리디(pretty): 예쁜 /걸(girl): 소녀 / 에스터데이(yesterday): 어제

문을 보세요!
보세요/ 문을

루 캣 더 도어
Look at the door.

서로 알고 있는 것을 말함에 따라 더(the)를 붙입니다.
룩(look): 보다 / 루캣(look at): ~을 보다, 자세히 살피다 / 도어(door): 문

탁자의 다리들을 붙잡아 주세요.
붙잡아 주세요/ (그) 다리들을/ 탁자의

홀 더 렉스 오브 더 테이블
Hold the legs of the table.

렉스(legs)가 테이블(of the table)의 "특정한" 다리이고(한정됨), 서로 알고 있는 탁자이므로 앞에 관사를 붙였습니다. 홀드(hold): 붙잡다 / 렉(leg): 다리 / 테이블(table): 탁자

19 바다가 육지라면? 가정/소망을…
가정법

사실에 대해 말하는 직설법에 대응하는 개념으로 가정이나 소망을 나타냅니다.
이들은 (미래에) 만일 ~ 면/ (지금)만일 ~ 면/ (과거) 만일 ~ 했었다면,   ~텐데.. 등의 의미로 해석됩니다.
 "만약 ~ 면"으로 해석되는 "이프 If 절(주어+동사)"과 조동사(윌 will, 캔 can, 메이 may 등)를 써서 "~텐데"로 해석되는 절을 컴마(,)로 연결하여 표현하는 경우가 대표적입니다.
그리고, "원하다/ 바라다"는 뜻의 "위시wish", "마치 ~ 인 것처럼"으로 해석되는 "애스 이프 as if" 등을 사용하여 표현하기도 합니다.

내가 만일 날씬 하다면, 이 드레스를 살텐데...
만일 ~면/내가/ 이다/ 날씬한, 나는/ ~ 텐데(조동사)/ 사다/ 이 드레스

이프 아이 워 슬림, 아이 우드 바이 디스 드레스.
If I were slim, I would buy this dress.

위의 문장은 "나는 날씬하지 않다, 그래서 이 드레스를 살 수 없다"는 직설법 문장을 가정법 문장으로 표현하고 있습니다.
일반적인 문장에서 주어가 1인칭인 경우 비(be)동사는 현재시제이면 엠(am)을 쓰고, 과거시제이면 워스(was)를 써야합니다. 하지만, 가정법의 이프(If) 문장은 "실제 사실이 아닌 가정"을 표현합니다. 이에 따라, 비(be)동사 또한 관용적으로 워(were)를 써서 구분하고 있습니다. 이어지는 문장에서도 조동사 윌(will)을 쓴다면 실제로 가능한 의지표현이 되어버리기에 같은 맥락에서 우드(would)가 쓰였습니다.
슬림(slim): 날씬한, 호리호리한 / 바이(buy): 사다
우드(would): 과거시제에서 윌(will) 대신 쓰이기도 하며, 정중히 요청할 때/간절한 바람을 표현하는 조동사로 쓰임.

그녀는 마치 그를 모르는 것처럼 행동한다.

쉬 액츠 애스 이프 쉬 디든 노우 힘
She acts as if she didn't know him.

내가 날씬하다면 좋을텐데....

아이 위시 아이 워 슬림
I wish I were slim.

애스 이프(as if): 마치 ~ 인 것 처럼/ 액트(act): 행동하다, 행동, 법률/ 노우(know): 알다, 이해하다, 깨닫다
아이 위쉬(I wish), 아이(I) + 과거 동사 ~ : 지금 만일 ~ 라면 좋을텐데
"현재 사실과 반대인 가정법 문장"으로 표현함에 따라 과거 동사를 썼습니다.

54

19 문장을 통해 가정법을 이해해요

우리가 지금 출발한다면, 오전에 집에 도착할 수 있습니다.
만일 ~ 한다면/ 우리가/ 출발하다/ 지금, 우리가/ 할 수 있다(조동사)/ 도착하다/
집에/ 오전에

이프 위 리이브 나우. 위 캔 어라이브 홈 비포 눈
If we leave now, we can arrive home before noon.

리이브(leave): 떠나다, / 나우(now): 지금 /어라이브(arrive): 도착하다
캔(can): 조동사로서 "할 수 있다" 의미입니다. /홈(home): 집, 집에, 가정
비포(before): ~ 전에(시간이나 순서 상) / 누운(noon): 정오, 낮 12시

지하철을 타면, 20분 걸립니다.
만일 ~ 한다면/ 당신(2인칭, 듣는 사람)/ 타다/ 지하철, 그것/ 걸립니다/ 20분

이프 유 테이크 어 써브웨이, 잇 테익스 트웬티 미닛
If you take a subway, it takes 20 minutes.

그녀가 아무말 안한다면, 그것은 좋다는 의미입니다.
만일 ~ 한다면/ 그녀/ ~ 하지 않다/ 말하다/ 어떤 것, 그것은/ 의미하다/ 그녀는/ 입
니다/ 좋아(승낙)

이프 쉬 다슨 쎄이 애니띵, 댓 미인스 쉬 이스 오케이.
If she doesn't say anything, that means she is OK.

테이크(take): 가지고 가다, 취하다 / 써브웨이(subway): 지하철 /트웬티(twenty): 20, 스물
미닛(minute): 분, 미세한, 위에서는 20분을 표현함에 따라 복수형으로 에스(s)가 붙었습니다.
쎄이(say): 말하다 / 애니띵(anything): 무엇, 부정문과 의문문에서는 "아무것"의 의미로 사용됩니다.
일반동사인 쎄이(say)가 서술어이므로 조동사를 써서 부정문을 만들었습니다.
다슨트(doesn't)는 다스 낫(does not)의 축약형입니다. 주어가 3인칭 단수이고 현재 시제이므로, 두do
대신 다스does)가 쓰였습니다.
미인(mean): 의미하다, 주어가 단수이고 현재시제임에 따라 동사 끝에 에스(s)를 붙였습니다.
댓(that): 그것, 그분들을 의미하는 지시대명사로도 쓰이고, 관계대명사나 명사절을 이끄는 접속사로도 쓰
입니다.

응용편

01 나를 소개합니다

제 이름은 사라 김입니다.
제이름은/ 입니다/ 사라 김

마이네임 이스 사라 김 (아임 사라 김)
My name is Sara Kim(I'm Sara Kim)

마이(my): 나의   / 네임(name): 이름
이스(is): 주어가 3인칭(나, 너, 아닌 다른 것) 단수이고 현재일 때 쓰는 비(be)동사
　　　　 비(be)동사는 주어와 보어를 연결하며 "~ 이다", " ~ 다" 로 해석되는 경우가 많습니다.

저는 한국에서 왔어요.
저는/ 왔어요/ 한국으로 부터

아이 엠 프럼 싸우쓰 코리아
I am from South Korea.

프럼(from): ~ 로 부터, "출신/원인/ 출발점" 등을 나타내는 전치사
싸우스(South): 남쪽   / 코리아(Korea): 한국
리퍼블릭 오브 코리아(Republic of Korea): 대한민국

저는 한국인입니다.
저는/ 입니다/ 한국인

아임 코리안
I'm Korean.

코리안(Korean): 한국의, 한국사람, 한국어

저는 서울에 삽니다.
저는/ 삽니다/ 서울에

아이 리브 인 서울
I live in Seoul

리브(live): 살다
인(in): ~ 안에(물리적, 추상적 공간의 안), ~ 으로(수단)를 나타내는 전치사
서울이 "고유명사"임에 따라 단어 첫 글자는 대문자로 씁니다

그분들도 한국분들이세요?
입니다 / 그분들/ 한국인/ 또한?

아알 데이 코리안 투?
Are they Korean too?

아알(are): 주어가 유(you: 2인칭)이거나 복수이고, 현재일 때 사용하는 비(be)동사
비(be) 동사는 조동사를 쓰지 않고 주어와 위치만 바꿔주면 의문문이 됩니다.
데이(they): 그(것)들   /투(too): 너무 (…한), …도 (또한), 그것도

아니예요. 그분들은 중국분들이십니다.
아뇨/ 그분들은/ 아닙니다. 그분들은/ 입니다/ 중국분들

노, 데이 아언트. 데이 아 차이니스
No, they aren't. They are Chinese.

그분들은 중국에서 오신분들 이세요.
그분들은/ 왔어요/ 중국으로부터

데이 아 프롬 차이나
They are from China.

서술어가 비(be)동사인 경우, 부정문을 만들려면 비(be)동사 뒤에 not을 붙여 줍니다.
아언트(aren't)는 아알 낫(are not)의 줄임말이며, 대부분 줄임말로 씁니다.
노(no): 긍정적인 질문에 대해 부정적인 대답을 할 때는 "아니오" 란 뜻입니다. .
차이니스(Chinese): 중국의, 중국어 / 차이나(China): 중국
비(be)동사는 상태를 나타내는 동사로 프럼(from:~로 부터)과 함께 쓰여 출신을 나타내고 있습니다.

우리는 같은 호텔에서 묵고 있습니다.
우리는/ 머무르고 있습니다/ 같은 호텔에서

우리 스테이 인 더 쎄임 호텔
We stay in the same hotel.

스테이(stay): 머물다, 계속 있다 / 쎄임(same): 같은, 동일한
더(the): 정관사로 이미 언급되었거나, 유일한 것, 서로 알고 있는 것 등 앞에 씁니다.
위 문장에서는 "묵고 있는 특정한 호텔"이므로 부정관사 어(a)를 쓰지 않고 더(the)를 썼습니다.

02 가족을 소개합니다

내 가족은 6명이예요.
~ 에/ 있습니다 / 여섯 명이 / 가족 안에

데얼 아 씩스 피플 인 마이 패밀리.
There are 6 people in my family.

데어(there)는 "그곳에~"라는 장소를 나타낼 때 쓰는 말입니다. 하지만, 위에서는 "~ 그곳에"라는 뜻이 사라지고 "~ 이 ~에 있다"라는 뜻으로 쓰였습니다.
여섯명(씩스 피플)이 주어이므로 비(be)동사로 "아알(are)" 을 썼습니다.
씩스(six): 여섯, 6 /피플(people): 사람들, "특정 국가지역의" 국민들   /마이(my): 나의
인(In): ~ 안에(물리적, 추상적 공간의 안), ~ 으로(수단)를 나타내는 전치사 /패밀리(family): 가족

남편은 작은 업체를 운영하고 있습니다.
남편은 / 운영하고 있습니다 / 하나의 작은 업체를

마이 허스번드 런스 어 스몰 비즈니스
My husband runs a small business.

우리말은 "나의/내"를 생략해도 통하지만, 영어에서는 "마이(my)"를 생략할 수 없습니다.
런(run): 달리다, 운영하다 / 스몰(small): 작은 / 비즈니스(business): 사업체
주어가 3인칭 단수이고 현재의 사실을 표현함에 따라 서술어 런(run)에 s가 붙습니다.
스몰 비즈니스가 처음 언급되었고, 한개이며, 스몰 철자는 자음으로 시작되기 때문에 부정관사 a를 씁니다.

아들은 선생님입니다.
아들은/ 입니다/ 선생님

마이썬 이스 어 티쳐
My son is a teacher.

썬(son): 아들 / 티쳐(teacher): 선생님
이스(is): 주어가 3인칭(나, 너, 아닌 다른 것) 단수이고 현재일 때 쓰는 비(be)동사입니다.

중학교에서 한국사를 가르칩니다.
그는/ 가르칩니다/ 한국사를/ 중학교에서

히 티치스 코리안 히스토리 앳 어 미들 스쿨
He teaches Korean history at a middle school.

마이썬(my son)을 반복해서 쓰지 않고 인칭대명사인 히(he:그는)를 씁니다.
인칭대명사는 손 윗/아랫사람은 구분하지 않으나, 남/녀 구분과 단수/복수 구분은 합니다.
티치(teach): 가르치다 / 티쳐(teacher): 선생님

동작/행위를 나타내는 동사에 "er"을 붙여 명사인""동작/행위를 하는 사람"이 되는 경우가 많습니다.

앳(at): ~ 에(시간, 장소)를 나타내는 전치사
히스토리(history): 역사 / 미들(middle): 중앙
스쿨(school): 학교
미들스쿨(middle school): 중학교

딸은 한국은행에서 일합니다.
딸은/ 일합니다/ 한국은행에서

마이 다터 웍스 포 뱅크 오브 코리아
My daughter works for Bank of Korea.

다터(daughter): 딸   /웍(work): 일하다
포(for): ~ 위해, ~을 향하여, ~ 동안을 나타내는 전치사
뱅크(bank): 은행, 둑, 저장고
웍 포(work for): 직원으로서 소속되어 일하다
뱅크 오브 코리아(Bank of Korea): 한국은행, 고유명사이기에 첫글자를 대문자로 썼습니다.

02 가족을 소개합니다

며느리는 가정 주부입니다.
나의 며느리는/입니다/가정주부

마이 다터인 로 이스 어 하우스와이프.
My daughter in law is a housewife.

로(law): 법, 법률 / 로이어(lawyer): 변호사 / 다터 인 로우(daughter in law): 며느리
하우스 와이프(housewife): 가정주부 / 하우스(house): 집 / 와이프(wife): 아내
혼인(법적) 으로 인척관계가 형성된 사람은 뒤에 "인 로(in law: 법 안에서)"를 붙여 표현합니다.
 ex) 마더 인 로우(mother in law): 장모님 또는 시어머님(법적으로 맺어진 어머니)

올봄에 손자(며느리의 아들)를 돌보기 위해 일을 그만뒀습니다.
그녀는/ 그만뒀습니다/ 그녀의 일/ 지난(올) 봄에/ 돌보기 위해/ 그녀의 아들

쉬 퀏 허 잡 래스트 스프링 투 테익 케어 로브 허 차일드
She quit her job last spring to take care of her child.

퀏(quit): 그만두다 / 래스트(last): 마지막의, 가장 최근의, 지난
투(to): ~ 에게, 로(목적, 방향성)를 나타내는 전치사로 여기서는 투(to) 부정사를 만들고 있습니다.
테이크(take): 가지고 가다, 섭취하다 / 케어(care):돌봄, 보살핌, 조심, 주의, 걱정, 염려, 돌보다, 배려하다
오브(of): ~ 의 (속성, 연관성을 나타내는 전치사) / 테익 케어 로브(take care of): 돌보다
한국어는 "그녀의"를 생략하지만, 영어는 논리에 민감하므로 허(her)를 생략하면 안됩니다.

그녀는 지금 둘째 임신 중입니다.
그녀는/ 입니다/ 임신 상태/ 둘째아기

쉬 이스 프레그넌트 위드 어 세컨드 베이비
She is pregnant with a second baby.

비(be)동사 이스(is)는 형용사와 함께 주어의 상태를 나타내고 있습니다. (상태동사)
프레그넌트(pregnant): 임신한, ~이 풍부한, 가득한 / 위드(with): ~ 와 함께(동반), ~를 써서(수단)
세컨드(second): 두번째 / 퍼스트(first): 첫번째 / 베이비(baby): 아기

MEMO

03 오전 일과를 소개합니다

나는 보통 아침 다섯시 경에 일어납니다.
나는/ 보통/ 일어납니다/ 다섯시 경에/ 아침에

아이 유주월리 겟업 어라운드 파이브 어클락 인 더 몰닝
I usually get up around 5 o'clock in the morning.

유주얼리(usually): 통상, 보통
겟(get): 받다, 얻다 /겟업(get up): 일어나다
업(up): 방향이동 위치가 위쪽을 향하거나 위에 있음을 나타낼 때 씁니다.
인(in): ~ 안에(물리적, 추상적 공간의 안), ~ 으로(수단)를 나타내는 전치사
어라운드(around): 약, 대략, ~쯤, ~ 주위(중심을 맴도는 둘레)를 나타내는 전치사
어클락(o'clock): ~ 시(정시)
몰닝(Morning): 0시부터 정오(12시) 이전까지의 시간대

일어나자마자 이를 닦고, 샤워를 합니다.
일어나자마자/ 나는/ 닦습니다/ (나의) 이를/ 그리고/ 합니다/ 샤워를

롸잇 애프터 게딩 업, 아이 브러쉬 마이 티쓰 앤 테이크 어 샤워
Right after getting up, I brush my teeth and take a shower.

롸잇(right): 올바른, 정확한, 바로, 즉시
애프터(after): "~후에(시간이나, 순서 상) ~ 를 쫓아"의 등을 나타내는 전치사
게딩 업(getting up): 일어나는 것, 겟업(get up: 일어나다)을 동명사로 변형하였습니다.
브러쉬(brush): 붓, 솔, 솔질을 하다
치아 한개이면 투스(tooth)이고 치아가 여러개(복수)면 티쓰(teeth)입니다.
테이크(take): 취하다
테이크어 샤워(take a shower): 샤워를 하다

그리고 나서, 나는 머리를 말리고 손질합니다.
그리고 나서/ 나는/ 말립니다/ 그리고/ 빗질을 합니다/ 나의 머리를

덴, 아이 드라이 앤 콤 마이 헤어
Then, I dry and comb my hair.

덴(then): 그리고, 그 다음에, 특정한 때(그 때), 그러면 / 드라이(dry): 건조한, 말리다
앤드(and): 그리고 / 콤(comb): 빗, 빗질하다 / 헤어(hair): 머리(털)

옷을 갈아입고 화장을 합니다.
나는/ 갈아입습니다/ 나의 옷을/ 그리고/ 합니다/ 화장을

아이 체인지 마이 클로우즈 앤 풋 온 메이크 업
I change my clothes and put on make-up.

체인지(change): 변하다, 변화시키다, 바꾸다
클로쓰(cloth): 옷감, 직물 / 클로우즈(clothes): 옷, 의복
풋 온(put on): 입다, 화장을 하다
메이크(make): 만들다, 누구로 하여금 "~하게 하다"
메이크 업(make up): 화장, 구성, 보충하다

나는 보통 아침은 거릅니다.
나는/ 보통/ 거릅니다/ 아침을

아이 유주얼리 스킵 브랙퍼스트
I usually skip breakfast.

유주얼리(usually): 보통, 대개 / 스킵(skip): 거르다, 깡충 깡충 뛰다
브랙퍼스트(breakfast): 아침식사 / 런치(lunch): 점심식사 /디너(dinner): 저녁식사 / 밀(meal): 식사
해브 어 브랙퍼스트(have a breakfast): 아침을 먹다
해브 어 브랙퍼스트 미딩(have a breakfast meeting): 조찬 간담회를 하다 /미딩(meeting): 회의

오전 일과를 소개합니다

7시 30분 경에 집을 나섭니다.
나는/ 나섭니다(떠납니다)/ 집을/ 7시 30분 경에

아이 리이브 홈 앳 어라운드 세븐 떠얼티.
I leave home at around 7:30.

리이브(leave): (사람, 장소에서) 떠나다. (신청에 따른) 휴가 /홈(home): (가족과 함께 하는)집
리이브 홈(leave home)은 "집을 나서다", "고향을 떠나다" " 가출하다" 등의 뜻이 있습니다.
쎄븐(seven): 7, 일곱 / 떠얼티(thirty): 30
앳(at): ~ 에, 시간이나 장소의 특정 지점을 나타내는 전치사
어라운드(around): 약, 대략, ~ 쯤, ~ 주위(중심을 맴도는 둘레)를 나타내는 전치사
1~12까지 숫자: 원(one), 투(two), 뜨리(three), 포얼(four), 파이브(five), 씨익스(six),
쎄븐(seven), 에잇(eight), 나인(nine), 텐(ten), 일레븐(eleven), 트웰브(twelve)

나는 지하철을 타고 출근합니다.
나는/ 탑니다/ 지하철을/ 일하러 가기 위해

아이 테이크 어 써브웨이 투 웍
I take a subway to work.

써브웨이(subway): 지하철 / 써브웨이 스테이션(subway station): 지하철 역
테이크 어 써브웨이(take a subway): 지하철을 타다.
겟온get on): 타다 / 겟오프(get off): 내리다 / 테이크 오프(take off): 벗다
투(to): ~로, ~ 에게, 목적, 방향성을 나타내는 전치사
고 투 웍(go to work): 출근하다.
웍(work): 일, 일하다 / 월커(worker): 근로자 (동작 동사에 er을 붙여 동작을 하는 사람이 됨)

수단을 나타내는 전치사 바이(by)를 써서 위 문장과 같은 뜻을 표현할 수 있습니다.
"아이 고 투 웍 바이 써브 웨이(I go to work by subway): 나는 지하철로 출근합니다.
(써브웨이가 지하철 형체를 의미하는 것이 아니고, 교통수단으로서의 본질을 의미함에 따라 부정관사를 붙이지 않고 바이 써브웨이로 표현했습니다.)

지하철역은 우리집에서 두 블록 떨어져 있고, 걸어서 15분 걸립니다.

지하철역은/ 입니다(상태동사)/ 두 블록/ ~ 로 부터 떨어진/ 집
그것은/ 걸립니다/ 15분/ 걸어서

더 써브웨이 스테이션 이스 투 블락스 어웨이 프럼 마이 하우스.
잇 테익스 피프틴 미닛스 온 풋
The subway station is two blocks away from my house.
It takes 15 minutes on foot.

써브웨이 스테이션(subway station): 지하철 역   / 투(two): 2, 둘   /블락(block): 블록, 구획
비(be)동사 이스(is)가 서술어로서 상태를 나타내고 있습니다.
어웨이(away): (시간적, 공간적으로) 떨어져, 결석한   / 어웨이 프럼(away from): ~로 부터 떨어진
프럼(from): ~ 로 부터(원인, 출신, 출발점)를 나타내는 전치사
하우스(house): 집   / 피프틴(fifteen): 15. 열 다섯
미닛(minute): 분, 극히 작은
아우어(hour): 시간   / 쎄컨드(second): 초, 두번째
풋(foot): 발 (복수는 핏 feet)   / 온 풋(on foot): 도보로, 진행 중에

나는 시간제 근로자로 일합니다. 그래서, 12시에 퇴근합니다.

나는/ 일합니다/ 시간제 근로자로서.
그리하여/ 나는/ 떠납니다/ 일터를/ 12시에

아이 웍 애스 어 파트 타이머. 소, 아이 리브 웍 앳 트웰브
I work as a part- timer. So, I leave work at 12.

웍(work): 일하다, 일   /리이브 웍(leave work): 퇴근하다
애스(as): ~처럼, (자격, 기능 등이) ~ 로(서), ~만큼 ~ 한
파아트(part): 일부, 부분   / 타임(time): 시간   / 파아트 타이머(part timer): 시간제 근로자
리이브(leave): (사람, 장소에서) 떠나다   / 웍(work): 일, 일하다
앳(at): 시간이나 장소의 특정 지점을 나타내는 전치사

04 오후 일과를 소개합니다

나는 1시 20분 경에 집에 도착합니다.
나는/ 도착합니다/ 집에/ 1시 20분 경에

아이 어라이브 홈 앳 어라운드 원 투웬티
I arrive home at around 1:20.

어라이브(arrive): 도착하다 / 홈(home): (특히 가족과 함께 사는) 집, 가정의, 집에
앳(at): ~에, 시간이나 장소의 특정 지점을 나타내는 전치사
어라운드(around): 약, 대략, ~ 쯤, 주위(중심을 맴도는 굴레)
원(one): 1, 하나 / 트웬티(twenty): 20, 스물
시간을 말할 때는 시간과 분을 나누어 말하고, 오전과 오후는 에이엠 a.m 과 피엠 p.m.으로 구분합니다.
예) 4시 5분: 포얼 오 파이브(four o five), 오후 3시 10분: 뜨리 텐 피엠(three ten p.m.)
왓 타임 이스 잇 나우?(What time is it now?): 지금 몇시입니까?
타임(time): 시간 /왓(what): 몇, 무엇, 무슨(의문사) / 나우(now): 지금, 이제

집으로 오는 길에, 저녁식사 준비를 위해 장을 보러 갑니다.
오는 길에/ 다시 집으로, 나는/ 갑니다/ 식료품 쇼핑/ 저녁 준비를 위해

온 더 웨이 백 홈, 아이 고 그로우셔리 샤핑 투 프리페어 포 디너
On the way back home, I go grocery shopping to prepare for dinner.

온(on): ~ 위에 (붙어있는), 무엇의 표면에 닿거나 그 표면을 형성함을 나타내는 전치사
더(the): 정관사로서 다음에 오는 단어가 모음으로 시작하면 "디"로 발음됨.
        이미 언급한 것, 서로 알고 있는 것, 유일한 것 등의 명사 앞에 씀
백(back): 등, 등뼈, 뒤쪽, 원래 위치로
홈(home): (특히 가족과 함께 사는) 집, 가정의, 집에
그로우셔리(grocery): 식료품 및 잡화
샵(shop): 가게, 상점 / 샤핑(shopping): 쇼핑, 쇼핑한 물건
고 샤핑(go shopping): 물건 사러 가다
투(to): ~에게, ~ 로(목적, 방향성), 위에서는 동사와 함께 투(to) 부정사를 만들고 있음.
프리페어(prepare): 준비하다
포(for): ~ 위해, ~을 향하여, ~ 동안, 목적과 방향을 나타내는 전치사
디너(dinner): 저녁 식사, 만찬, 하루 중에 먹는 가장 주된 식사

때로는, 등기우편을 보내기 위해 쇼핑몰 근처의 우체국에 들르기도 합니다.

때로는/ 나는/ 들릅니다/ 우체국에/ 쇼핑몰 근처에 있는 / 보내기 위해/ 등기 우편

썸타임스, 아이 드랍바이 더 포스트 아피스 니얼 더 샤핑몰 투 쎈드 어
레지스터드 메일

Sometimes, I drop by the post office near the shopping mall to send a registered mail.

썸타임스(sometimes): 때때로 / 드랍(drop): 떨어지다, 소량, 방울
바이(by): ~ 옆에, ~ 까지(기한), ~ 로 , 수단이나 방법 등을 나타내는 전치사
드랍 바이(drop by): 잠깐 들르다. 불시에 찾아가다 / 포스트(post): 우편, 우편물, 지위
아피스(office): 사무실, 사옥 / 니얼(near): (거리/시간상) 가까이 / 모올(mall): 쇼핑센터
쎈드(send): 보내다, 발송하다 / 레지스터(register): 등록하다, 기록하다
레지스터드(registered): 레지스터의 과거형, 과거완료형으로 여기서는 "분사"로서 메일(mail)을 꾸며주고
있음/ 메일(mail): 우편 / 레지스터드 메일(registered mail): 등기우편

저녁식사를 준비하기 전에, 이메일을 체크하며 커피 한잔을 마십니다.

준비하기 전에/ 저녁식사/ 나는/ 마십니다/ 커피 한잔
/ ~(다른일과 동시에) 하는 동안/ 나는/ 체크합니다/ 나의 이메일

비포 프리페어링 포 디너, 아이 해브 어 컵 오브 커피 와일 아이 체크 마이 이메일
Before preparing for dinner, I have a cup of coffee while I check my e-mail.

프리페어(prepare): 준비하다 / 프리페어링(preparing): 준비하는 것
포(for): ~ 을 위해, ~ 동안(목적과 방향)
디너(dinner): 저녁 식사, 만찬, 하루 중에 먹는 가장 주된 식사
해브(have): 가지다, 있다, 소유하다. 뒤에 음식/음료를 뜻하는 단어가 오면 "먹다/마시다"
오브(of): ~의, 연관성/재료/원인 등을 나타내는 전치사
와일(while): ~ (다른 일과 동시에) 하는 동안
첵(check): 알아보다, 살피다, 점검하다, 수표, 영수증

05 저녁 일과를 소개합니다

7시 반 경에 가족들과 함께 저녁식사를 합니다.
나는/ 가지다/ 저녁식사/ 가족들과 함께/ ~경에/ 7시 30분

아이 해브 디너 윗 마이 패밀리 앳 어라운드 세븐 떠얼티
I have dinner with my family at around 7:30.

해브 (have): 가지다, 있다, 소유하다. 뒤에 음식/음료를 뜻하는 단어가 오면 "먹다/마시다"
디너(dinner): 저녁 식사, 만찬, 하루 중에 먹는 가장 주된 식사
위드(with): "~와 함께" "~를 써서" 등의 의미를 나타내는 전치사
패밀리(family): 가족 /앳(at): 시간이나 장소의 특정 지점을 나타내는 전치사
어라운드(around): 둘레, 중심을 기준으로 전후를 나타내는 전치사
쎄븐(seven): 7, 일곱 / 떠얼티(thirty): 30, 서른

저녁식사 후에, 남편이 설거지를 도와줍니다.
저녁식사 후에/ 나의 남편은/ 도와 줍니다/ 나를/ 설거지로

애프터 디너, 마이 허스번드 헬프스 미 위드 더 디쉬스.
After dinner, my husband helps me with the dishes.

애프터(after): ~ 후에(시간이나 순서 상)를 의미하는 전치사입니다.
마이(my): 나의 / 허스번드(husband): 남편 / 스파우스(spouse): 배우자(격식 또는 법률적인 용어)
위드(with): ~ 와 함께(동반), ~ 를 써서, ~ 로(수단)
헬프(help): 돕다, 거들다 / 디쉬(dish): 접시, 요리
두 더 디쉬스(do the dishes): 설거지를 하다

한글 문장에서는 "나의" "나를"이 들어가면 오히려 부자연 스럽지만, 영어는 논리와 숫자에 민감해서 생략할 경우 틀린 문장이 됩니다.

영어로 표현할 때는 한글문장을 논리적/영어식으로 생각하여 "한글 문장 속에서 생략된 단어"를 살려 내어 표현해줘야 합니다.

그리고 나서, 우리는 잠시 이야기를 나누고 함께 TV를 봅니다.
그리고 나서/ 우리는/ 이야기를 나눕니다/ 서로/ 잠시 동안
그리고/ 봅니다/ TV를/ 함께

덴, 위 챗 윗 이치 어덜 포러 와일 앤 와츠 TV 투게덜
Then, we chat with each other for a while and watch TV together.

덴(then): 그리고, 그 다음에, 특정한 때(그 때), 그러면
위(we): 우리 / 챗(chat): 담소를 나누다
위드(with): ~ 와 함께(동반), ~ 를 써서, ~ 로(수단)
이치(each): 각각 / 어덜(other): (그 밖의) 다른/다른 사람
이치 어덜(each other): 서로
포러 와일(for a while): 잠시 동안 / 앤드(and): 그리고
와츠(watch): (시간과 관심을 기울이며) 보다, 지켜보다
투게덜(together): 함께, 같이

잠자리에 들기 전에, 목욕을 하고, 불을 끕니다.
~전에/ 잠자리에 들기/ 나는/ 합니다/ 목욕을/ 그리고/ 끕니다/ 불을

비폴 고잉 투 베드, 아이 테이크 어 배쓰 앤 턴 오프 더 라잇츠
Before going to bed, I take a bath and turn off the lights.

비포(before): ~ 앞/전에(시간이나 순서 상)
베드(bed): 침대 / 고우 투 베드(go to bed): 잠자리에 들다 /고우(go): 가다
배쓰(bath): 욕조, 목욕하다(시키다) / 테이크 어 배쓰(take a bath): 목욕하다
배쓰 룸(bathroom): 욕실, 화장실 /배쓰터브(bathtub): 욕조, 목욕통
앤(and): 그리고 /턴(turn): 돌다, 돌리다
오프(off): "분리" 의미를 나타내는 전치사로 온(on)의 반대 개념
턴 오프(turn off): 끄다 /턴 온(turn on): 켜다 /라잇(light): 빛, 전등, 광선
 "방안에 켜져 있던 빛(전등)"은 막연한 것이 아니라 이미 알고 있는 "특정한 등"을 의미함에 따라 라이츠
(lights) 앞에 정관사 더(the)를 썼습니다.

06 주말 일정을 소개합니다

주말에는, 친구들과 영화관람을 즐깁니다.
주말에는/ 나는/ 좋아합니다(즐깁니다)/ 영화보러 가는 것을/ 나의 친구들과

온 위켄즈, 아이 라이크 고잉 투 더 무비스 윗 마이 프렌즈
On weekends, I like going to the movies with my friends.

온(on): ~위에(붙어 있는), (날, 때, 기회)에 의미를 갖는 전치사
윅(week): 주, 한주간, 평일 / 엔드(end): 끝, 끝나다 /위켄드(weekend): 주말
한 번의 주말만을 의미하는 것이 아니므로 복수를 의미하는 에스(s)가 붙어서 위켄즈(weekends)가 되었습니다.

라이크(like): 좋아하다, 비슷한 / 무비(movie): 영화
고투더 무비(go to the movie): 영화보러 가다

한 문장 안에 서술어 본동사는 하나 밖에 쓸 수 없습니다. 이에, 동사 고우(go)가 동명사 고잉(going)으로 변신하여 서술어가 아닌 목적어 역할을 하고 있습니다.

위드(with): "~와 함께" "~를 써서" 등의 의미를 나타내는 전치사
프렌드(friend): 친구, 위의 문장에서는 복수이므로 끝에 에스(s)를 붙였음.

우리나라말은 "나의"를 생략해도 되지만, 영어는 수와 논리에 민감하므로 마이(my)를 생략하면 안됩니다.

때로는 미술관이나 연주회에 갑니다.
때로는/ 나는/ 방문합니다/ 미술관들/ 또는/ 갑니다/ 콘서트에

썸타임스, 아이 비짓 아트 뮤지엄스 올 고우 투 콘서츠
Sometimes, I visit art museums or go to concerts.

썸타임즈(sometimes): 때때로 / 비짓(visit): 방문하다 / 아-트(art): 미술, 예술
뮤지엄(museum): 미술관, 박물관 / 올(or): 또는, 혹은, (그것이)아니면
콘서-트(concert): 콘서트, 연주회

일요일에는 남편과 함께 교회에(예배드리러) 갑니다.
일요일에는/ 나는/ 갑니다/ 교회에(예배 드리러)/ 남편과 함께

온 썬데이스, 아이 고우 투 철츠 윗 마이 허스번드
On Sundays, I go to church with my husband.

온(on): ~위에(붙어 있는), (날, 때, 기회)에 의미를 갖는 전치사
썬데이(Sunday): 일요일 / 철츠(church): 교회 / 허스번드(husband): 남편
셀수 있는 명사가 관사 없이 쓰일 때는 형체가 아닌 본질/목적을 나타냅니다.
따라서 "고우 투 철츠(go to church)"는 단순히 교회 건물을 방문하는 의미가 아닌 예배 드리러 간다는 의미가 됩니다.

예배를 마친 후에는, 통상 교회 식당에서 점심을 먹습니다.
~후에/ 예배 참석하는 것/ 우리는/ 통상/ 먹습니다/ 점심을/ 교회 식당에서

애프터 어텐딩 월쉽, 위 유주얼리 해브 어 런치 앳 더 철츠 카페티어리아
After attending worship, we usually have lunch at the church cafeteria.

애프터(after): ~ 후에 (시간이나 순서 상) / 위(we): 우리 /유주얼리(usually): 통상, 보통
어텐드(attend): 참석하다, 주의를 기울이다, (..)에 다니다 / 월쉽(worship): 예배
런치(lunch): 점심 / 해브 런치(have lunch): 점심을 먹다
카페티어리아(cafeteria): (셀프 서비스식) 구내 식당

저는 특별한 취미가 없습니다.
저는/ 없습니다/ 어떤 특별한/ 취미들

아이 돈 해브 애니 스페셜 하비스
I don't have any special hobbies.

돈(don't): ~ 하지 않다, 두 낫(do not)의 축약어임. 해브(have)가 일반동사(가지다, 먹다 의미)로 쓰일 때는
부정문을 독자적으로 만들지 못하고 "두(do) 조동사"를 써서 부정문을 만듭니다.

애니(any): 부정문이나 의문문에서 불가산명사/복수명사와 함께 쓰일 경우 (어떤)양이나 수를 의미함
          단수명사와 쓰일 경우는 많은 것들 중 아무것이나 하나 의미입니다.
스페셜(special): 특별한 / 하비스(hobbies): 하비(hobby: 취미)의 복수형

07 서로 인사를 나눕니다

소통의 시작은 인사, 인사말을 익혀봅니다.

영어로는 인사를 하는 시간 및 상황 등에 따른 아래의 표현들이 "안녕하세요" 처럼 쓰입니다.

좋은 아침입니다!

굿 모얼닝!
 Good morning

좋은 오후입니다!

굿 애프터눈
Good afternoon!

좋은 저녁 입니다!

굿 이브닝!
Good evening!

굿(good): 좋은   / 모얼닝(morning): 아침 / 눈(noon): 정오
애프터눈(afternoon): 오후   / 이브닝(evening): 저녁
애프터(after): ~ 후 (시간이나 순서 상)를 의미하는 전치사

안녕하세요!의 우리말 뜻을 가장 잘 담은 인사는

어떻게 지내요?
어떻게/ 입니까/ 당신(듣는 사람, 2인칭)?

하우 아 유?
How are you?

하우(how): "어떻게"의 뜻을 지닌 의문사
아알(are): 비(be)동사로서 주어가 2인칭 유(you)이거나 복수이며 시제가 현재일 때 쓰임
유(you): 듣는 사람(2인칭)을 지칭하는 대명사

같은 상황에서 쓰는 유사한 인사말

어떻게 지내요?

- 하우스 에브리띵? (How's everything?)
- 하우 아 유 두잉? (How are you doing?)

어떻게 지냈어요?

- 하우 해브 유 빈? (How have you been?)

두(do): 일반 동사로 쓰이면 "하다"의 뜻임(의문문/부정문을 만드는 조동사로 많이 쓰임)
　　"비(be)동사+ 동사ing"은 "현재 진행형"을 표현함
해브빈(have been)은 과거부터 지금까지를 쭉 이어져 현재에 촛점을 맞춤(현재완료 시제)으로써 "어떻게
지내셨어요?" 의미로 쓰였음
하우스(How's): 하우 이스(How is)의 축약 형태임
에브리띵(everything): 모든 것, 전부
에브리띵(everything)은 문법상 단수로 간주함에 따라 이스(is)를 썼습니다.

좋아요/ 감사합니다.

파인, 땡큐!
Fine, thank you.

파인(fine): 좋은, 훌륭한, 멋진, 안부를 물어봐 주니 감사하다는 뜻입니다.
격식을 차리지 않는 친한 관계라면 "땡큐(thank you)" 대신 "땡쓰 thanks"를 써도 됩니다.

좋습니다. 당신은요?
좋습니다/ 어떠세요/ 당신은?

그뤠잇, 하우 어바우트 유?
Great, how about you?

그뤠잇(great): 대단한, 큰　/하우(how): "어떻게"의 뜻을 지닌 의문사
어바우트(about): ~ 에 관한(대한), 약, 쯤, 거의

서로 인사를 나눕니다

만나서 반갑습니다.
당신을 만난 것은/ 입니다/ 기분좋은(즐거운, 멋진)
   1. 투 밋 유/이스/나이스 ☞ 주어" 투 밋 유"를 가주어 잇(it)으로 대체
   2. 잇 이스 나이스 투 밋 유 ☞ "잇 이스" 생략

나이스 투 밋 유
Nice to meet you. ☞ It is nice to meet you에서 It is는 생략

밋(meet): 만나다 / 투 밋(to meet): 만나는 것 / 미딩(meeting): 회의, 만남

저도 만나 뵈어서 반갑습니다.

나이스 투 밋 유, 투
Nice to meet you, too.   투(too): 또한, 역시

만나 뵙게 되어 기쁩니다

잇츠 어 플레져 투 밋 유
It's a pleasure to meet you.   플레져(pleasure): 기쁨, 즐거움

저 역시 만나뵙게 되어 기쁩니다.

아임 베리 플리스트 밋 유 투   주로 공식석상에서 쓰는 보다 공손한 표현
I'm very pleased to meet you too.

베리(very): 매우, 정말, 똑 같은
플리스드(pleased): ~하여 기쁜, 플리~즈(please: 기쁘게 하다)의 분사(형용사)형태임

이분이 김박사님입니다.
이분이/ 입니다/ 김박사

디스 이스 닥~터 김
This is Dr. Kim.

디스(this): 이것, 이분(지시대명사) / 닥~터(doctor): 의사, 박사. 통상 Dr.로 표기함

먼저, 제 소개를 드리겠습니다.
먼저/ 하게 해주세요/ 저를 / 소개하다/ 저 자신

퍼스트 오브 올, 렛 미 인트러듀스 마이셀프
First of all, let me introduce myself.

퍼스트(first): 첫번째 / 올(all): 모든   /오브(of): ~의(속성 및 연관성)
퍼스트 오브 올(first of all): 직역하면 "모든 것 중에서 첫번째"로 "먼저" 의미입니다.
렛(let): ~(하게) 놓아두다. (~을 하도록) 허락하다 /인트러듀스(introduce): 소개하다,
주어와 목적어가 같을 때 "~ 의 자신/자체' 의 뜻을 가지는 "재귀대명사"를 목적어 자리에 놓습니다.
셀프(self): 자아, 자신 /마이셀프(myself): 나 자신 / 유얼셀프(yourself): 너 자신/힘셀프(himself): 그 자신
아워셀브스(ourselves): 우리 자신 /덤 셀브스(themselves): 그들 자신
영어에서는 "하겠습니다"를 "렛 미(let me) + 동작동사 + 동작의 대상" 형식으로 많이 표현합니다.
이를 직역하면 "저로 하여금 ~ 하도록 해주세요" 이므로 보다 정중한 느낌이 듭니다.

제 친구 김 두리를 소개해도 될까요?
해도 될까요/ 내가/ 소개하다/ 나의 친구/ 두리 김?

메이 아이 인트러듀스 마이 프렌드 두리 김?
May I introduce my friend Duri Kim?

메이(may): (허락을 나타내어) …해도 되다, (가능성을 나타내어) …일지도 모른다
인트러듀스(introduce): 소개하다, 도입, 전개 / 프렌드(friend): 친구
"~ 해도 될까요" 는 "메이 아이(May I) 또는 캔 아이(Can I) + 동작동사 + 동작의 대상? "으로 표현하는 것이
일반적입니다.

죄송합니다
제가/ 입니다/ 미안한 / ~에 대해/ 늦은 것

아임 쏘리 포 비잉 레이트
I'm sorry for being late.

쏘리(sorry): 미안한, 안쓰러운, 후회하는 / 레이트(late): 늦은, 작고한, 늦어서
포(for): ~에 대해, ~ 위해, ~을 향하여, ~ 동안을 나타내는 전치사
빙 레이트(being late): 아임 레이트(I'm late) 를 구문형태로 (간결하게) 표현한 것입니다. .

07 서로 인사를 나눕니다

편하게 계세요.
만드세요/ 당신 자신을/ 편안하게

메이크 유얼셀프 앳 홈
Make yourself at home.

메이크(make): 만들다 / 유얼(your) 너의
셀프(self): 자아, 자신 / 유얼셀프(yourself): 너 자신
홈(home): (특히 가족이 함께 사는) 집 / 앳홈(at home): 편안한, 집에서, 본국에서

이제 가봐야 되겠네요. 다음에 또 이야기 해요.
나는/ 가야합니다/ 지금 / 이야기 할께요 / 다음에

아이 머스트 고우 나우, 타억 투 유 레이더
I must go now, talk to you later.

머스트(must): ~ 해야한다, (틀림없이)~일 것이다 / 고(go):가다 / 나우(now): 지금, 이제
타억(talk): 말하다 / 유(you): (너, 당신, 2인칭)에 해당하는 대명사 / 레이더(later): 나중에, 후에

만나 뵈어서 반가웠습니다.
좋았습니다/당신을 만난 것이

나이스 미딩 유 ("잇 워스 나이스 미딩 유 또는 잇 해스빈 나이스 미딩 유" 의미입니다)
Nice meeting you.
(It was nice meeting you. 또는 It has been nice meeting you.)

밋((meet): 만나다 / 미딩(meeting): 만남, 회의
밋(meet)이 미딩(meeting)으로 변신함으로써, 미딩 유(meeting you)는 "당신을 만난 것" 의미로 쓰였습니다.

잘 지내세요! (헤어질 때 인사말)
잘 돌봐/ 너 자신을 ("너 자신을"은 생략)

테이크 케어 ("오브 유어셀프(of yourself)" 생략)
Take care.

테이크(take): 가지고 가다, 섭취하다 / 케어(care): 돌봄
테익 케어로브(take care of): ~을 돌보다, 살피다, 신경 쓰다는 의미로, 오브 유어셀프(of yourself)를 생략
한 "테이크 케어(take care)"는 편하고 가벼운 인사말 임

곧 또 보자, 안녕!
볼께/ 당신을/ 곧/ 안녕

씨 유 쑨, 바이!
See you soon, bye!

씨(see): 보다 / 쑨(soon): 곧, 머지 않아 / 바이(bye): 안녕
쑨(soon: 곧) 대신 레이러(later: 후에)를 쓰기도 하고, 아예 생략하고 "씨 유(see you)" 하기도 함.

만나 뵈어서 기뻤습니다. 안녕히 가세요!
그것은, 이었습니다, 당신과의 기쁜만남, 안녕히 가세요!

잇스 빈 어 플레져 미딩 유. 굳 바이! ("잇스 빈'은 "잇 해스빈"의 줄임말)
It's been a pleasure meeting you. Good bye!

격식을 갖춰야 하는 상대방에게는 생략 없이 전체 문장을 공손하게 다 말합니다.
해스빈(has been)은 "현재 완료" 형식으로 만난 시점부터 말하고 있는 시점까지 쭉 이어져 현재의 상태를
강조하는 표현입니다.

07 서로 인사를 나눕니다

제가 오히려 더 좋았습니다.
그 기쁨/ 입니다 / 저의 것

더 플레져 이스 마인
The pleasure is mine.

플레져(pleasure): 기쁨, 즐거움   / 마인(mine): 나의 것
더(the): 플레줘(pleasure)가 이미 언급된 명사이므로 관사(the)를 썼습니다.

곧 다시 뵐 수 있길 바랍니다.
저는/ 희망합니다/ 보는 것을/ 당신을/ 다시/ 곧

아이 홉 투 씨 유 어겐 쑨
I hope to see you again soon.

홉(hope): 바라다, 희망   /씨(see): 보다, (눈으로 보고) 알다, 목격하다
투 씨(to see): 보는 것(to 부정사)   / 어겐(again): 한 번 더, 다시
쑨(soon): 곧, 머지 않아

다시 곧 뵐 수 있기를 기대합니다.
저는/ 기대합니다/ 당신을 보는 것을 / 다시/ 곧

아이 룩 포워드 투 씨잉 유 어겐 순
I look forward to seeing you again soon.

룩(look): 바라보다   / 포워드(forward): 앞으로
룩 포워드 투(look forward to): ~을 기대하다
투(to) 다음에는 동사의 원형을 써서 투(to) 부정사를 이루는 경우가 많지만, 룩 포워드 투(look forward to)의 경우는 뒤에 명사를 취하기에 동명사를 썼습니다.
씨잉(seeing): 동사인 씨(see: 보다)가 변신해서 "보는 것"의미를 갖는 동명사가 된 형태

MEMO

08 날씨에 대해 이야기합니다

날씨를 표현할 때는 잇(it)을 주어로 하고, 상태를 나타내는 형용사를 비(be)동사로 연결해 줍니다. 날씨를 의미하는 단어인 웨더(weather)를 쓰지 않아도 잇(it)이 날씨를 의미합니다.

날씨가 따뜻합니다.
날씨가/ 입니다/ 따뜻한

잇 이스 웜
It is warm.

날씨가 약간 쌀쌀하네요.
날씨가/ 입니다/ 약간 쌀쌀한

잇 이스 어 리틀 칠리
It is a little chilly.

어제는 무척 추웠어요.
날씨가/ 였습니다/ 아주 추운/ 어제

잇 워스 비털리 콜드 예스터데이
It was bitterly cold yesterday.

밖에 비가 오네요.
날씨가/ 비가오고 있습니다/ 밖에

잇 이스 레이닝 아웃사이드
It is raining outside.

웜(warm): 따뜻한, 훈훈한 / 리들(little): 규모가 작은, 어린
어 리들(a little): 약간 / 칠리(chilly): 쌀쌀한, 냉랭한
윈디(windy): 바람이 많이 부는, 장황한 / 비털리(bitterly): 몹시
콜드(cold): 차가운, 추운, 냉정한 / 레인(rain): 비 / 예스터데이(yesterday): 어제
아웃사이드(outside): 바깥쪽, 밖
현재진행형(be동사+ 동사ing)을 써서 "비가 오고 있는 중"임을 표현했습니다.
레인(rain: 비)과 스노우(snow: 눈) 등이 동사("비가 내리다" "눈이 내리다" 의미)로도 쓰입니다.

어제는 눈이 왔어요.
눈이왔어요/ 어제

잇 스노우드 예스터데이
It snowed yesterday.

스노우(snow)는 동사로 쓰일 경우 "눈이 내리다" 뜻입니다.
스노우 스노우드(snow snowed)로 말한다면 "눈이 눈왔다(?)", 어색하네요.
날씨를 표현할 때 쓰는 잇(it)을 주어로, 스노우(snow)의 과거 형 스노우드(snowed)를 서술어로 구성하여
표현했습니다.

어제는 바람이 많이 불었어요.
~에 ~이 있었습니다/ 많은 바람이/ 어제

데어 뤄 랏스 오브 윈즈 예스터데이
There was a lot of wind yesterday.

데어(there)는 "그곳에~"라는 장소를 나타낼 때 쓰는 말입니다. 그런데, "데어(there)+비(be)동사" 형식으
로 쓰이면, "~ 그곳에"라는 뜻 대신 "~ 이 ~에 있다"라는 뜻이 되며 바로 뒤에 오는 단어가 주어 역할을 합
니다.
랏스 오브(lots of): 어랏 오브(a lot of)와 같은 뜻으로 "많은" 의미를 지닙니다. 같은 뜻으로서 메니(many)
는 셀 수 있는 명사에만 사용할 수 있고 머츠(much)는 셀 수 없는 명사에만 사용할 수 있으며, 랏스 오브
(lots of)와 어랏 오브(a lot of)는 양쪽 모두에 사용할 수 있습니다.
윈드(wind): 바람   / 에스터 데이(yesterday): 어제

공기 중 습도가 높습니다.
~ 에 ~이 있습니다/ 높은 습도/ 공기 중에

데어리스 하이 휴미디티 인 디 에어.
There is high humidity in the air.

하이(high): 높은 / 휴미디티(humidity): 습도 / 에어(air): 공기
the 가 모음 (a,e,i,o,u)으로 시작하는 단어 앞에 나올 경우, 본래 발음인 '더'가 아니라 '디'로 발음됩니다

09

여행하며 소통합니다
공항, 비행기 안

표와 여권 보여 주세요.
~할 수 있을까요/ 제가/ 보다/ 당신의 표/ 그리고/ 여권?

캔 아이 씨 유어 티켓 앤 패스폴트?
Can I see your ticket and passport?

캔(can): ~할 수 있다, 통조림 캔
위 문장에서 캔(can) 대신 메이(may), 쿠드(could)가 쓰인 다면 보다 정중한 느낌이 듭니다.
티켓(ticket): 표, 승차권, 티켓 / 패스폴트(passport): 여권
아이 디(ID): 신분증, 대화체에서는 통상 아이데너피케이션 카드(Identification card: 신분증)라 말하기 보
다는 통상 "아이디"라고 말합니다.

예!

썰튼리
Certainly.

슈어
Sure.

썰튼리(certainly): 분명히, 그럼요, 물론이지요 / 슈어(sure): 예, 확신하는

좌석은 창문 쪽 원하세요? 아님 복도 좌석 원하세요?
(조동사)/ 듣는 사람(2인칭, 손님)/ 좋아하다/ 창문/ 또는/ 복도 좌석?

두 유 라이크 윈도우 올 아일 씻 ?
Do you like window or aisle seat?

서술어로 비(be)동사가 아닌 일반 동사가 쓰였을 경우는 자체적으로 의문문/부정문을 만들지 못합니다.
원 문장 앞에 조동사인 두(do) 동사를 추가하여 의문문을 만들고 서술어 본동사는 원형을 씁니다.
라이크(like): 좋아하다 / 윈도우(window): 창문
올(or): 또는 / 아일(aisle): 복도 / 씯(seat): 자리, 좌석

84

신문 드릴까요?
~하시겠어요/ 신문/ 읽을?

우주유 라이크 어 뉴스페이퍼 투 리드?
Would you like a newspaper to read?

우주유 라이크(would you like): ~ 하시겠습니까?, ~ 해 주시겠습니까?
페이퍼(paper): 종이   / 뉴스페이퍼(newspaper): 신문(뉴스 실린 종이)
신문은 한 장, 두 장 셀 수 있습니다. 서로 알고 있거나 특정한 것이 아니고, 일반적인 것 중의 하나를 표현함에 따라 부정관사 어(a)를 썼습니다.
리드(read): 읽다   / 투 리드(to read): 읽을, 읽기 위한

마실 것 좀 주시겠어요?
할 수 있을까요/ 제가/ 받다/ 어떤 것/ 마실?

캔 아이 겟 썸띵 투 드링크?
 Can I get something to drink?

캔(can): 할 수 있다, 할 줄 안다
          ☞ 의문문에서, 메이(may)나 쿠드(could)를 쓰면 보다 공손한 표현이 됩니다.
겟(get): 받다, 얻다, 구하다, 받다   /드링크(drink): 마시다, 음료
썸띵(something): 뭘 좀, 무엇, 어떤 것   / 투 드링크(to drink): 투(to) 부정사로서 "마실" 의미로서 명사
썸띵(something)을 꾸며주고(형용사 역할) 있습니다.

면세상품 주문하시겠습니까?
~ 하시겠습니까/ 주문하는 것/ (어떤) 면세상품?

우주유 라이크 투 올더 애니 듀티 프리 구웃스?
Would you like to order any duty free goods?

우주유 라이크(would you like): ~ 하시겠습니까?, ~ 해 주시겠습니까?
오더(order): 주문/명령/지시(하다), 질서
애니(any): 약간, 조금, 일부. ☞ 같은 뜻으로 긍정문에서는 썸(some)을 씀
듀티(duty): 직무, 의무, 의무   / 프리(free): 자유로운, 석방하다
듀티프리(duty-free): 면세   /구웃스(goods): 상품, 제품, 재산

여행하며 소통합니다
공항, 비행기 안

신용카드로 지불해도 되나요?
할 수 있나요/ 내가/ 지불하다/ 신용카드로

캔 아이 페이 바이 크레딧 카드?
Can I pay by credit card?

캔(can): 할 수 있다, 할 줄 안다
　　　☞ 의문문에서, 메이(may)나 쿠드(could)를 쓰면 보다 공손한 표현이 됩니다.
페이(pay): 지불하다 / 페이데이(payday): 봉급날 / 데이(day): 날, 하루
바이(by): ~로, 옆에, 까지, "수단"을 의미하는 전치사
크레딧(credit): 신용거래, 신용도, 칭찬, 인정 등 / 카드(card): 카드, 증, 명함 등
크레딧 카드 앞에 부정관사를 쓰지 않은 것은 형체로서의 카드가 아닌 "본질(카드거래)"을 의미하기 때문입니다.

세관 신고하실 거 있으신가요?
(조동사)/ 너(손님)/ 가지다/ 어떤 것/ 세관신고 할

두 유 해브 애니띵 투 디클레어?
Do you have anything to declare?

서술어가 비(be)동사가 아닌 일반 동사일 경우 두(do) 조동사를 추가하여 의문문을 만듭니다.
해브(have): 조동사가 아닌 일반동사로 쓰일 경우 "소유하다" 의미
애니띵(anything): 무엇, 아무것 (같은 의미로 긍정문에서는 썸띵something을 씀)
디클레어(declare): (세금 당국에) 신고하나, 선언하나, 분명히 말하나
투 디클레어(to declare): 투(to) 부정사(형용사 역할)로 "세관 신고할" 의미입니다.

어떻게 오셨나요?
무엇/ 입니다/목적/ ~의/ 방문?

왓스 더 퍼어퍼스 오브 유어 비짓?
What's the purpose of your visit?

왓(what): 무엇 / 퍼어퍼스(purpose): 목적 / 유어(your): 당신의(2인칭 소유격)
비짓(visit): 방문, 방문하다 /오브(of): ~의, 속성 및 연관성을 나타내는 전치사

일로(업무차) 왔습니다.   (놀러 왔습니다)
나는 / 있습니다 / 여기에 / 업무차

아임 히어 온 비즈니스   (아임 히어 온 베이케이션)
I'm here on business.   (I'm here on vacation.)

히어(here): 여기/ 온(on): ~위에(붙어있는) /비즈니스(business): 일, 사업/베이케이션(vacation): 휴가
'왔습니다'를 직역한 캐임(came)은 동작 동사인 반면 비(be) 동사는 상태동사로 "와 있음(상태)"을 나타내
는 표현입니다.

무게 한도가 어떻게 되나요?
얼마나 많이/ 입니까/ 무게 한도

하우 머츠 이스 더 웨잇 리밑?
How much is the weight limit?

하우(how): "어떻게"의 뜻을 지닌 의문사 / 머츠(much): 양이 많은, 매우, 정말
웨이트(weight): 무게, 체중 / 리밑(limit): 한도, 제한, 허용치, 경계

저는 환승 승객입니다
저는/ 입니다/ 환승 승객

아임 어 트랜짓 패신져
I'm a transit passenger.

트랜짓(transit): 환승, 통과, 교통체계   /패신져(passenger): 승객

전화기 반납하려고 합니다.
나는/ 원합니다/ 반납하기를/ 전화기

아이 워언 투 리터언 더 폰(실제로는 아이 워너 리터언 더 폰으로 말합니다)
I want to return the phone.

워언트(want): 원하다, 필요하다 / 리터언(return): 돌아오다, 돌려주다, 반납하다. 투(to) 부정사로 쓰였음.
폰(phone): 전화(기) 빌렸던(특정된) 전화기이므로 정관사 더(the)를 씀

10 여행하며 소통합니다
호텔

숙박 등록하려고 합니다.
나는/ 하고자 합니다/ 숙박 등록(체크인)

아이드 라이크 투 체크 인
I'd like to check in.

아이드 라이크 투(I'd like to) : 아이 우드 라이크 투(I would like to)의 줄임말. "투(to) 이하를 하려고 합니다" 의미입니다
체크(check): 확인, 점검, 살피다 /인(in): 물리적/추상적 공간의 "안"을 나타냄
체크 인(check in): 호텔 숙박 수속을 하다, 비행기 짐을 부치다

예약 되어 있으십니까?
(조동사)/ 너(2인칭 주어)/ 보유하다/ 예약 ?

두 유 해브 어 레저베이션?
Do you have a reservation?

서술어가 비(be)동사가 아닌 일반 동사이므로 문장 앞에 두(do)를 써서 의문문을 표현했습니다.
해브(have): 여기서는 일반동사 "소유하다" 의미로 쓰였습니다.
레저베이션(reservation): 예약

예, 김 하나 이름으로 예약 되어 있습니다.
예/ 그것(예약)은/ 있습니다(상태)/ ~ 아래(밑으로)/김 하나 이름

예스, 잇스 언더 더 네임 오브 하나 김
Yes. It's under the name of Hana Kim.

잇(it): 그것, 여기서는 지시대명사로 "예약"을 의미 /네임(name): 이름
언더(under): 아래에, 바로 밑에 의미 / 오브(of): ~ 의(속성 및 연관성을 나타내는 전치사)
언더 더 네임 오브(under the name of): ~의 이름으로 뜻

방은 7층에 있습니다.
손님의(2인칭 소유격) 방/ 있습니다/ 일곱번 째 층에

유어 룸 이스 온 더 세븐쓰 플로어
Your room is on the seventh floor.

우리나라 말로 하면 손님의 방이지만 영어로는 청자의(2인칭 소유격) 방으로 표현합니다.
룸(room): 방, 공간   / 쎄븐(seven): 7, 일곱 / 쎄븐쓰(seventh): 일곱번째
우리나라말로 7층은 논리적으로는 일곱번째 층이므로 쎄븐쓰(seventh)를 씁니다.
온(on): 표면에 닿은 위에 의미를 지닌 전치사로 ~ 에, ~로 등으로 해석될 수 있습니다.
플로어(floor): (방의)바닥, 층, 서수(~ 몇번째 등 순서 표현) 앞에는 더(the)를 씁니다.

저쪽 엘리베이터를 타세요.
타세요/ 엘리베이터/ 저쪽에 있는

테이크 디 엘리베이터 오버 데어
Take the elevator over there.

지시(명령) 문장에서는 주어를 생략하고 바로 서술어로 시작합니다.   /테이크(take): 취하다, 잡아 타다
오버(over): 위쪽에, 넘어서, 지나치게 많은 /데어(there): 저기, 그곳 / 오버데어(over there): 저쪽에
막연한 하나가 아닌 특정한 엘레베이터 이므로 정관사 더(the)를 썼으며 엘레베이터가 모음으로 시작하므
로 디로 발음합니다.

아침식사 하실 식당은 2층에 있습니다.
식당/ 아침식사를 위한/ 위치해 있습니다/ 두번째 층에

더 레스터란트 포 브랙퍼스트 이스 로케이티드 온 더 쎄컨드 플로어
The restaurant for breakfast is located on the second floor.

레스터란트(restaurant): 식당, 레스토랑/ 쎄컨드(second): 두번째, 초(시간) /플로어(floor): (방의)바닥, 층
포(for): 목적, ~을 향하여, ~ 동안, ~ 추구하여 뜻의 전치사
로우케이트(locate): 정확한 위치를 찾아내다. (특정 위치에)두다.
"위치되어 있다" 의미여야 하므로 수동태(비be동사+과거분사)로 표현함

11 음식점을 이용합니다

이 근처에 있는 좋은 음식점 좀 추천해 주시겠어요?
해주실 수 있으세요/듣는사람(2인칭)/ 추천하다/제게/좋은 음식점/ 이 근처

쿠쥬유 레커멘드 미 어 굳 레스터란트 니어 히어?
Could you recommend me a good restaurant near here?

쿠쥬유(could you): ~ 해 주실 수 있으세요? 캔유(can you)보다 공손한 표현이며 과거형이 아닙니다.
레커멘드(recommend): 추천하다 / 굳(good): 좋은 /레스터란트(restaurant): 식당
미(me): 나에게/제게 (1인칭 목적격), 나를 /니어(near): 거리상 가까운 /히어(here): 여기

어떤 종류의 레스토랑을 원하세요?
어떤 종류의 레스토랑/ 당신은/ 찾고 있습니까?

왓 카인즈 오브 레스터란츠 아 유 룩킹 포?
What kinds of restaurants are you looking for?

왓(what): 어떤, 무엇, 무슨, 어떤 것 / 카인드(kind): 종류, 유형, 친절한
오브(of); ~의, 속성 및 연관성을 나타내는 전치사 /왓 카인드 오브(what kind of): 어떤 종류의
룩(look): 보다 / 포(for): 목적, ~을 향하여, ~ 동안, ~ 추구하여 뜻의 전치사
룩 포(look for): 찾다, 구하다. 여기서는 진행형 형태로(be동사+동사ing)로 찾고 있다는 뜻
의문사를 쓰고, 서술어가 비(be)동사인 의문문은 "의문사+ 비(be)동사 + 주어 ~ " 형태로 문장을 이룹니다.

다섯명 테이블 부탁합니다.
테이블/ 다섯명을 위한/ (부탁할 때 붙이는 말)

어 테이블 포 파이브, 플리이스
A table for 5, please.

테이블(table): 식탁, 테이블, 탁자 / 파이브(five): 다섯 / 피플(people): 사람
플리이스(please): 정중하게 부탁할 때 덧 붙이는 말(부디, 제발 의미)
테이블 앞에 "특정하지 않은 아무거나 하나"를 의미하는 부정관사 어(a)를 썼습니다.
"몇 사람"을 표현할 때 "사람" 을 의미하는 명사 "피플(people)"은 쓰지 않아도 됩니다.
단순히 "명사" 다음에 "플리이스"를 붙이기만 하면 , "명사, 부탁합니다"의미가 됩니다.

예약 되어 있습니다.
나는/ 가지고 있습니다 / 예약을

아이 해브 어 레저베이션
I have a reservation.

해브(have): 소유하다 / 레저베이션(reservation): 예약
해브(have)가 명사와 결합하여 다양한 의미로 쓰일 수 있습니다.
예) 저녁을 먹다(해브어 디너 have a dinner), 기억하고 있다(해브어 메모리 have a memory), 두통이 있다
(해브어 헤드에이크 have a headache) 등

테이블 좌석을 원합니까? 칸막이된 좌석을 원합니까?
(조동사)/ 듣는사람(2인칭)/ 원하다/테이블/ 또는/ 칸막이 좌석?

두 유 워너 테이블 오어 부우쓰?
Do you want a table or booth?

창가쪽 칸막이 좌석 원합니다.
나는/ 원합니다/ 칸막이 좌석/ 창가 쪽(창문 옆에)

아이드 라이크 어 부우쓰 바이 더 윈도우.
I'd like a booth by the window.

높은 유아용 의자 있나요?
(조동사)/ 듣는사람(2인칭)/ 소유하다/ 유아용 높은 의자?

두 유 해브 어 하이체어?
Do you have a highchair?

서술어가 일반동사인 경우 의문문을 만들때 두(do)동사만 문장 앞에 추가하고 서술어 동사는 원형으로 표
현해 주면 됩니다.
원트(want): 원하다 / 테이블(table): 탁자, 식탁 / 부우쓰(booth): 전시장, 부스, 칸막이 석
아이드 라이크(I'd like): 아이 우드 라이크(I would like)의 축약형으로 "원하다" 의미입니다.
바이(by): ~ 옆에, ~에 의해 / 윈도우(window): 창문 / 해브(have): 소유하다
부스터 씰(booster seat): 자동차나 식탁등에서 의자위에 얹는 어린이용 보조의자
하이체어(highchair): (식사할 때의) 유아용 높은 의자 /하이(high): 높은 /체어(chair): 의자, 의장직, 의장

11 음식점을 이용합니다

주문 받아도 될까요?
해도 될까요/ 제가/ 받는다(취한다)/ 당신의 주문

메이 아이 테이크 유어 오더?
May I take your order?

메이(may): 해도 된다, 일지도 모른다 / 테이크(take): 취하다, 가지고 가다 / 유어(your): 당신의
오더(order): 순서, 질서, 주문(하다) / 메이 아이(may I): ~ 해도 될까요?

주문하실 준비 되셨어요?
입니까(상태)/ 당신(손님)/ 준비된/ 주문할

아 유 레디 투 오더?
Are you ready to order?

레디(ready): 준비된 /투 오더(to order): 주문할 ☞ 투(to) 부정사로 부사 역할로 쓰였습니다.
"주어 + 비(be)동사+ 형용사" 는 "주어가 형용사의 상태"임을 나타냅니다. 의문문이므로 주어와 서술어의
위치를 바꿨습니다.

가장 인기있는 메뉴 추천해 주시겠어요?
~해 주시겠어요/ 추천하다/ 가장 인기있는 메뉴

우주유 레커멘드 더 모스트 파퓰러 메뉴 히어?
Would you recommend the most popular menu here?

음료는 무엇으로 하시겠어요?
무엇/ 원하세요/ 마실?

왓 우주유 라이크 투 드링크?
What would you like to drink?

우주유(would you): ~ 해 주시겠어요? / 레커멘드(recommend): 추천하다, 권고하다
모우스트(most): 최대(의) 가장 많음, 대부분(의) / 파퓰러(popular): 대중적인, 많은 사람들이 공유하는
히어(here): 여기, 지금, 이리 / 왓(what): 무엇, 무슨, 어떤 / 드링크(drink): 음료, 마시다
우드 라익 투(would like to): ~하고 싶다, 원트(want: 원하다)와 같은 의미

얼음 섞은 콜라 주세요.
콜라 / 얼음과 함께 있는 / 정중하게 부탁할 때 붙이는 말

콕 위드 아이스 플리이스
Coke with ice, please.

음식 나왔습니다.
여기 있습니다.

히어 유 아 또는 히어 유 고
Here you are. / Here you go.

콕(Coke): 코카콜라를 줄여서 부르는 말로 콜라의 대명사처럼 쓰이고 있습니다.
위드(with): ~와 함께(동반), ~를 써서(수단) / 아이스(ice): 얼음
플리이스(please): 정중하게 부탁할 때 덧 붙이는 말임. "주세요"말을 생략하고 단순히 "명사+플리이스"
라고 말하면 "명사, 주세요" 의미가 됩니다.
"음식 나왔습니다(여기 있습니다)" 는 단어 그대로 직역해서 표현하면 어색합니다. 관용적으로 "히어 유 아
(Here you are.)" 나 "히어 유 고(Here you go)"라고 표현합니다.

맛있게 드세요.
즐기세요/ 듣는사람(2인칭) 소유격/ 음식
인조이 유어 미일
Enjoy your meal.

계산서 주시겠어요?
할수 있나요/ 제가/ 가지다/ 계산서

캔 아이 해브 마이 첵?
Can I have my check?

인조이(injoy): 즐기다, 누리다, 향유하다 / 미일(meal): (끼니 때 먹는 음식) 식사
영어는 논리/수에 민감하므로 위 문장에서 유어(your) 나 마이(my)를 생략하지 말아야 합니다.
우리나라 말 "편하게 드세요"에 해당하는 말은 "헬프 유어셀프(Help youself)입니다.
영어식 사고는 한글식 사고와 달라서 우리나라말 그대로를 직역하면 어색한 경우가 많습니다.
첵(check) 대신 빌(bill: 계산서. 청구서)도 많이 쓰입니다.
단순히 빌 또는 첵 플리이스(bill/check please)라고 말하면 "계산서, 주세요"가 됩니다.

12 가게를 방문하고 물건도 삽니다

무엇을 도와 드릴까요?
할 수 있을까요/ 제가/ 돕다/ 당신을(손님을)

메이 아이 헬프 유?
May I help you?

메이(may): 해도 된다, 일지도 모른다 / 헬프(help): 돕다
메이 아이(May I ~) ~ ? : ~ 해도 될까요?
"당신을 위해 제가 무엇을 할 수 있을까요?"를 직역하면 "왓 캔 아이 두 포 유?(What can I do for you?)"이며, 이 표현도 같은 의미로 많이 쓰입니다.

그냥 보는 중입니다.
나는/ 입니다/ 그냥/ 보고 있는 중

아임 저스트 룩킹
I'm just looking.

탈의실(피팅룸) 어디 있나요?
어디에/ 있습니다/ 탈의실?

웨어 리스 더 피팅룸?
Where is the fitting room?

저스트(just): 딱, ~ 하는 그 순간에, 공정한 / 룩(look): 보다, 보이다
"비(be)동사+ 동사 ing" 는 현재 진행형으로 " ~ 하고 있는 중"을 의미합니다.

웨어(where): 어디에, 어디로
핏(fit): 꼭 맞다, 적합하다, 치수 등에 맞추다 / 룸(room): 실, 방
피팅룸(fitting room: 탈의실
윈도우 샤핑(window shopping): 물건을 사지 않고 구경만 하는 것
샵(shop): 가게, 상점 / 샤핑(shopping): 쇼핑 / 윈도우(window): 창
샵 윈도우(shop window): 상점의 진열장

한 번 입어(신어)봐도 되나요?
해도 되나요/ 제가/ 입어보다/ 이것을?

메이 아이 트라이 디스 온?

May I try this on?

메이(may): 해도 된다, 일지도 모른다   / 트라이(try): 노력하다, 애쓰다, 시도하다
트라이 온(try on): 입어보다, 써보다.
　　　　　　대명사와 함께 쓸 때는 "트라이(try) +대명사+ 온(on)" 순으로 씁니다.
일반적으로 입는다는 "풋 온(put on) 을 쓰지만, 한번 입어본다(시도 의미)는 것이기에 트라이 온(try on)
을 썼습니다.

신용카드도 받으시나요?
(조동사)/ 당신(2인칭)/ 받으시나요/ 신용카드?

두 유 테이크 크레딧 카~드?

Do you take credit card?

서술어가 비(be)동사가 아닌 일반 동사이므로 조동사 두(do)를 추가하여 의문문을 만듭니다.
테이크(take): 받아들이다, 취하다
크레딧(credit): 신용   / 크레딧 카~드(credit card): 신용카드
크레딧 카드가 명사이므로 앞에 부정관사 어(a)가 와야 하겠지만, "카드 "라는 물건/형체가 아닌
"카드 거래" 의미로 "본질"을 나타냄에 따라 부정관사를 쓰지 않습니다. (예: go to church)

50대 여자분을 위한 선물 추천해 주시겠어요?
~해 주시겠어요/ 추천하다/ 선물/ 여자분을 위한/ 50대

우주유 레커멘드 어 기프트 포러 우먼 인 허 피프티스?
Would you recommend a gift for a woman in her fifties?

우주유(would you) ~ : ~ 해 주시겠어요?
레커멘드(recommend): 추천하다, (행동 방침 등을)권고하다,
기프트(gift): 선물., 재능 / 우먼(woman): 여성/ 피프티(fifty): 50
인 허 피프티스(in her fifties): 50 대에 /인 더 피프티스(in the fifties): 50년 대에

12 가게를 방문하고 물건도 삽니다

이거 하겠습니다.
나는/ 살 예정이다 /이것을

아월 테이크 디스.
I'll take this.

월(will): (의지를 나타내어) ~ 할 것이다
테이크(take): 사다, 취하다, 받아들이다. "사다"는 의미의 동사 바이(buy)를 쓸 수도 있겠으나 테이크(take)
가 더 자연스럽게 쓰이고 있습니다.
디스(this): 이것, 여기서는 살 물건을 지칭하는 지시 대명사입니다.

이거 얼마예요?
얼마인지/ 입니다/이것

하우머츠 이즈 디스?
How much is this?

그것들 총 얼마입니까?
얼마인지/입니다/그것들/ 총

하우머츠 아 데이 인 올?
How much are they in all?

(how): "어떻게" 의미를 지닌 의문사입니다. / 머츠(much): 많이
하우 머츠 (how much): 얼마 /디스(this): 이것
데이(they): 그것들, 그들 / 올(all): 모두 /인 올(in all): 총

의문사가 이끄는 의문문의 문장 배열 순서는 일반 의문문의 순서에 앞에 의문사만 붙이면 됩니다.
서술어가 비(be)동사 일때: 의문사+ 비동사+ 주어 ~ ?
서술어가 일반동사 일때: 의문사+ 조동사 + 주어 + 일반동사 원형 ~ ?

현금으로 내겠습니다.
나는/ ~ 할 예정입니다/ 지불하다/ 현금으로

아이 윌 페이 인 캐쉬
I will pay in cash.

윌(will): ~ 할/일 것이다(의지) / 페이(pay): 지불하다
인(in): ~ 안에(물리적, 추상적 공간의 안), ~으로(수단) /캐쉬(cash): 현찰

할인 받을 수 있나요?
~할 수 있나요/ 나는/ 얻다/ 할인?

캔 아이 겟 어 디스카운트?
Can I get a discount?

캔(can): ~ 할 수 있다
같은 뜻으로 비동사+ 에이블 투(be동사+ able to)도 쓰이기도 하지만, "비동사+에이블 투(be able to)는 "
능력 있음"이 강조됩니다. 위 문장에서는 캔(can) 대신 메이(may: 해도 좋다)도 많이 씁니다.
겟(get): 얻다, 사다, 가져오다 /디스카운트(discount): 할인, 할인하다.

여행자 수표 받으시나요?
하나요?/ 너(2인칭, 듣는사람)/ 받다/ 여행자수표?

두유 억셉 트래블러스 첵?
Do you accept traveler's check?

억셉(accept): 수용하다 / 첵(check): 수표. 점검하다
트래블(travel): 여행하다 / 트래블러(traveler): 여행객
위 문장에서는 억셉(accept) 대신 테이크(take: 취하다)를 쓸 수도 있습니다.
사람이나 동물의 소유격은 스('s)를 붙여 나타내고, 사물이나 장소는 오브(of)를 써서 나타냅니다.
  예: 더 타이틀 오브 더 북(the title of the book: 책의 제목)

13 병원, 약국을 이용합니다

예약하려고 합니다.
저는/ ~하고 싶습니다/ 예약하는 것

아이드 라익 투 메이크 언 어포인먼트
I'd like to make an appointment.

아이드 라익 투(I'd like to): ~ 하고 싶다, 아이드(I'd)는 아이 우드(I would)의 축약형
메이크(make): "만들다"는 의미가 주요 뜻이지만, 매우 다양한 의미로 쓰입니다.
예) 계획을 세우다, 약속을 하다, 계산하여 어떤 숫자가 되다 등등.... 만들어 진다는 의미가 광범위합니다.
어포인먼트(appointment): 약속, 임명
메이크 언 어포인먼트(make an appointment): 예약하다

언제로 하시겠습니까?
어느시간/ 입니다/ 좋은/ 손님(2인칭)에게?

왓 타임 이스 굿 포 유?
What time is good for you?

왓(what): 무엇, 몇, 무슨 /타임(time): 시간 /굿(good): 좋은
포(for): ~ 을 위해, ~ 동안 (목적, 방향) / 유(you): 듣는 상대방을 지칭하는 대명사

내일 두시 이후에 시간 됩니다.
나는/ 있습니다/ 시간/ 오후 두시 이후/ 내일

아이 해브 썸 타임 애프터 투 피엠 투모로우
I have some time after 2 p.m. tomorrow.

해브(have): 가지다, 소유하다 /애프터(after): ~ 후에(시간이나 순서 상)
썸(some): (전체 중의) 일부, 몇몇, 몇 개, 조금, 일부의 /타임(time): 시간
에이엠(a.m.): 오전 / 피엠(p.m.): 오후 /투모로우(tomorrow): 내일

정기 건강검진 예약하려고 전화했습니다.
나는/ 전화하고 있는 중입니다/ 예약하려고/ 나의 정기 건강검진을 위해

아임 콜링 투 메이크 언 어포인먼트 포 마이 레귤러 첵컵
I' m calling to make an appointment for my regular check up.

아임 콜링(I'm calling): "비(be)동사+ 동사ing" 형태로 현재진행형입니다. "나는 전화 하는 중"
콜(call): 전화하다 / 아임(I'm)은 아이 엠(I am)의 축약형입니다.
메이크 언 어포인먼트(make an appointment): 예약하다

투 메이크(to make)는 "투(to) 부정사"로 목적을 표현(부사적 역할)하고 있습니다.
포(for): ~ 을 위해, ~ 동안 (목적, 방향을 나타내는 전치사) /레귤러(regular): 정기적인, 규칙적인
첵(check): 살피다, 알아보다 , 계산서, 수표 /어포인먼트(appointment): 약속, 임명
첵컵(check up): 건강검진, ~ 을 대조하다, ~의 진위를 확인하다.

이번주 수요일날 가능할까요?
입니다/ 이번주 수요일/ 가능한?

이스 디스 웬스데이 오케이?
Is this Wednesday OK?

가장 빠른 날짜가 언제인가요?
어느날/ 입니다/ 가장 빠른?

왓 데이 이스 디 어얼리어스트?
What day is the earliest?

웬스데이(Wednesday): 수요일 /왓(what): 무엇, 몇, 무슨
데이(day): 하루, 날, 요일
어얼리(early): 일찍, 빠른 /어얼리어(earlier): 보다 빠른(비교급)
어얼리어스트(earliest): 가장 빠른(최상급)

13 병원, 약국을 이용합니다

안녕하세요! 무엇을 도와 드릴까요?
가벼운 인사/ 어떻게(의문사)/ 할 수 있을까요/ 제가/ 돕다/ 당신을?

하이, 하우 캔 아이 헬프 유?
Hi, how can I help you?

파아머시(pharmacy): 약국
클리닉(clinic): 소규모 의원/ 하스피들(hospital): 병원
하우(how): "어떻게"의 뜻을 지닌 의문사 / 캔(can): 할 수 있다, 할 줄 안다.
헬프(help): 돕다, 도움이 되다

전에 오신 적 있으세요?
(조동사)/당신(2인칭, 손님)/ 한번이라도/ 온 적 있었다/ 여기에/ 전에?

해브 유 에버 빈 히어 비포오?
Have you ever been here before?

해브(have)와 과거분사를 함께 쓴 현재완료 시제로서 여태까지의 경험을 물어 보고 있습니다.
에버(ever): 언제나, 항상, 한번 이라도
빈(been): 비(be)동사의 과거 완료형
히어(here): 여기 / 데어(there): 저기
비포오(before): 전에, 앞에(시간이나 순서 상)

증상이 어떻게 되세요?
무엇(의문사)/ 입니다/ 당신의/ 증상들?

왓 아 유어 심텀스?
What are your symptoms?

왓(what): 무엇 / 심텀(symptom): 증상, (불길한) 징후

체온 좀 재겠습니다.
해도 될까요(조동사)/ 제가/ 취하다/ 당신의/ 체온을?

메이 아이 테이크 유어 템퍼러춰?
May I take your temperature?

메이(may): 해도 되다, 일지도 모른다
테이크(take): 섭취하다, 가지고 가다
템퍼러춰(temperature): 온도, 기온, 체온

혈압은 정상입니다.
당신(너)의/ 혈압은/ 입니다/ 괜찮은

유어 블러드 프레셔 이스 파인
Your blood pressure is fine.

블러드(blood): 혈액 / 프레셔(pressure): 압력, 압박, 기압
파인(fine): 좋은, 건강한, 괜찮은

두통약 사러 왔습니다.
나는/ 하고자 합니다/ 사는 것/ 약을/ 두통에 대한

아이드 라이크 투 바이 썸 메드슨 포 헤드에익
I'd like to buy some medicine for headache.

아이드 라이크 투(I'd like to): 아이 우드 라이크 투(I would like to)를 줄인 말로 나는 ~하고자 합니다.
바이(buy): 사다 /썸(some): 조금, 일부 / 메드슨(medicine): 의학, 의술, 약
포(for): ~을 위해, ~ 동안, (목적 또는 방향을 나타내는 전치사)
헤드(head): 머리 /에익(ache): 아픔, 아프다 /헤드에익(headache): 두통 /투쓰(tooth): 이
투쓰에익(toothache): 치통 /스터먹(stomach): 위, 복부 /스터머게익(stomachache): 복통

13 병원, 약국을 이용합니다

비 제조약으로는 두 종류의 알약이 있습니다.
~이 ~에 있다/ 두 종류의 알약이/ ~로는/ 비 제조약

데어라 투 카인즈 오브 필스 포 오버 더 카운터 드럭
There are two kinds of pills for over the counter drug.

데어(there)는 "그곳에~"라는 장소를 나타낼 때 쓰는 말입니다. 하지만, 위에서는 비(be)동사와 함께 문장 앞에 높임으로써 "~ 그곳에"라는 뜻 대신 "~ 이 ~에 있다"라는 뜻으로 쓰였습니다.

아(are): 비(be)동사의 복수/현재형으로 상태를 나타냅니다.
투 카인즈 오브 필스(two kinds of pills)가 주어 역할을 하고 있습니다.

포(for): ~을 위해, ~ 동안(목적/방향을 나타내는 전치사)
오버(over): ~ 를 넘어서, 위쪽을 의미합니다.
카운터(counter): 계산대, 판매대   /드럭(drug): 약물, 마약
오버 더 카운터 드럭(over the counter drug): (비제조) 일반 판매 의약품
프리스크립션 드럭(prescription drug): 처방전이 필요한 약

너어스(nurse): 간호사   /닥터(doctor): 의사, 박사   /이머전시(emergency): 긴급상황

제 보험이 치료비랑 약값 적용 되나요?
(조동사)/ 제 보험이 / 적용하다/ 나의/ 치료비/ 약값?

다스 마이 플랜 커버 마이 트릿먼트 앤 메디케이션?
Does my plan cover my treatment and medication?

플랜(plan): 계획(여기서는 보험계약 내용을 의미함)
커버(cover): 씌우다, 덮다, 덮개
트릿먼트(treatment): 처치, 치료, 대우, 다룸
메디케이션(medication): 약(치료)
인슈어런스(insurance): 보험
"제 보험은 "000" 입니다" 는 "마이 플랜 이스 000 (My plan is 보험)입니다" 로 표현합니다.

MEMO

14 은행에서 예금도 하고 환전도 합니다

은행 계좌 개설을 하고 싶어요.
나는/ 원합니다/ 개설하는 것을/ 은행 계좌

아이 원투 오픈 어 뱅크 어카운트
I want to open a bank account.

원트(want): 원하다 / 오픈(open): 열다, 열려있는
뱅크(bank): 은행, 예금하다 / 어카운트(account): 계좌, 장부, 간주하다
뱅크 어카운트(bank account): 은행 계좌

어떤 계좌 개설해 드릴까요?
어떤 종류의 계좌를/ 손님께선(당신/너)/ 원하세요/ 개설하길

왓 카인드 오브 어카운트 우주유 라이크 투 오픈?
What kind of account would you like to open?

왓(what): 무슨 / 카인드(kind): 종류, 유형, 친절한 /오브(of): ~의, 연관성/원인을 나타내는 전치사
우드 라익 투(would like to): ~하고 싶다, 원트(want: 원하다)와 같은 의미
의문문이므로 조동사인 우드(would)가 주어 앞에 놓였습니다.

저축예금 계좌로 1천 달러 입금 하고자 합니다.
나는/ 원합니다/ 입금하기를/ 1천 달라/ 저축예금 계좌에

아이 원투 디파짓 원 따우전드 달라스 인투 어 쎄이빙스 어카운트.
I want to deposit 1,000(one thousand) dollars into a savings account.

디파짓(deposit): 두다, 예치하다, 보증금 /인투(into): 안으로 이동/변화를 의미하는 전치사
세이빙(saving): 절약, 저축 / 어카운트(account): 계좌, 장부, 간주하다/ 따우전드(thousand): 천(숫자)

다른 거 또 필요하신 거 있으세요?
(조동사)/ 손님(너)/ 필요하다/ 또 다른 거

두 유 니드 애니띵 엘스?
Do you need anything else?

니드(need): 필요로 하다, 해야한다 / 애니띵(anything): 무엇, 아무것 /엘스(else): 또 다른, 다른

유로화를 달러화로 바꾸고 싶습니다.
나는/하고 싶습니다/교환하는 것을/유로화를 달러로

아이드 라이크 투 익스체인지 유로스 포 달라스
I'd like to exchange euros for dollars.

아이드 라이크 투(I'd like to): 아이 우드 라이크(I would like to)를 줄인 말로 "나는 ~하고자 합니다" 의미
익스체인지(exchange): 교환하다, 환전, 주고 받음
익스체인지 레이트(exchange rate): 환율   /포(for): ~을 위해, ~ 동안(목적/방향)

권종을 어떻게 해드릴까요?
어떤 권종을/(조동사)/ 당신(2인칭, 손님)/원하나요?

왓 디나미네이션 두 유 원트?
what denomination do you want?

왓(what): 어느 것/ 디나미네이션(denomination): (돈의)액면가, 교회의 교파, 권종
원트(want): 원하다

소액권으로 부탁합니다.
소액권 지폐들/ 부탁합니다.

스몰 빌스 플리이스
Small bills, please.

스몰(small): 작은, 소규모의 / 빌(bill): 지폐, 계산서/영수증
플리이스(please): 정중하게 부탁하거나, 받아들일 때 덧 붙이는 말(부디..)

14 은행에서 예금도 하고 환전도 합니다

ATM기를 어떻게 사용하는 지 모르겠어요.
나는/ 모릅니다/ 어떻게 사용하는 지/ ATM기를

아이 돈 노우 하우 투 유스 에이 티 엠
I don't know how to use ATM.

돈(don't) 은 두 낫(do not)의 축약형으로 부정문을 만들기 위해 쓰였습니다.
노우(know): 알다, 이해하다   /하우(how): 어떻게 / 유스(use): 사용하다
하우 투 유스(how to use): 사용방법

이것을 어떻게 사용하는 지 보여 주시겠어요?
해주시겠어요/ 2인칭(듣는 사람)/ 보여주다/ 제게/ 사용방법/ 이것

우주유 쇼우 미 하우 투 유스 디스?
Would you show me how to use this?

우주유(would you): ~ 해 주시겠어요?
쇼우(show): 보여주다 /디스(this): 이것(지시대명사)

카드를 기계에 집어 넣으세요.
집어 넣으세요/ 당신의 카드를/ 안으로/ 기계

풋 유어 카드 인투 더 머쉬인
Put your card into the machine.

명령/지시문은 주어를 생략하고 동사로 문장을 시작합니다.
문장 뒤에 플리이스(please)를 붙여주면 좀 더 부드러운 표현이 됩니다.
풋(put): (특정한 곳에)놓다, 밀어 넣다 / 유어(your): 2인칭(말을 듣고 있는 사람) 소유격
인투(into): 안으로 이동, 변화를 의미하는 전치사
머쉬인(machine): 기계(에이티엠기를 지칭하는 말로 이미 서로 알고 있는 것이므로 정관사 더the를 씀)

화면에서 원하는 서비스를 누르세요.
누르세요/ 선택사항 중에 하나를/ 당신이 필요로 하는/ 화면 상에서

클릭 온 원 오브 더 초이시스 유 니드 온 더 스크린
Click on one of the choices you need on the screen.

클릭(click): 클릭하다. (마우스로)누르다
온(on): 표면에 닿은 위에 의미를 지닌 전치사로 ~ 에, ~로 등으로 해석될 수 있습니다.
오브(of); ~의, 속성 및 연관성을 나타내는 전치사
초이스(choice): 선택, 선택가능성. 위에서는 복수형이 쓰였음
화면상에 있는 "특정한" 선택들이므로 정관사 더(the)를 붙였습니다.
니이드(need): 필요로 하다, 해야한다 / 스크린(screen):화면, 차단하다, 가리다.
온 더 스크린(on the screen): 화면 상에, 기기에 있는 특정 화면이므로 관사를 더the를 썼습니다.

비밀번호를 누르세요.
누르세요/ 당신의 (2인칭 소유격, 손님) 비밀 번호를

프레스 유어 핀 넘버
Press your pin number.

프레스(press): 무엇에 바짝 대다, 누르다, 언론, 언론인들
핀(pin): 핀, 핀으로 꽂다, 마개로 막다
넘버(number): 숫자 / 핀 넘버(pin number): 비밀번호 / 씨크릿(secret): 비밀, 비밀의
씨크릿 코드(secret code): 암호

일기와 함께
문장의 틀을 익혀봐요

남편 생일을 축하하기 위해 특별 저녁을 준비했습니다.
나는/ 준비했습니다/ 특별 저녁을/ 축하하기 위해/ 나의 남편의 생일을

아이 프리페어드 어 스페셜 디너 투 셀러브레이트 마이 허스번드스 버어쓰데이
I prepared a special dinner to celebrate my husband's birthday.

프리페어(prepare): 준비하다
스페셜(special): 특별한 / 디너(dinner): 저녁식사
셀러브레이트(celebrate): 축하하다
허스번드(husband): 남편 / 버어쓰데이(birthday): 생일 / 와이프(wife): 아내
스파우스(spouse): 배우자

프리페어드(prepared)는 프리페어(prepare)의 과거형 동사.
　☞ 문장의 시제는 동사를 통해 나타냄

투 셀러브레이트(to celebrate)는 "축하하기 위해서" 뜻임 ☞ to부정사, 부사적 용법
마이 허스번드스(my husband's): 나의 남편의 ☞ 마이my는 1인칭(나)의 소유격.

사람이나 동물의 소유격은 스('s)를 붙여 나타내고, 사물이나 장소는 오브(of)를 써서 나타냅니다.
　예: 더 타이틀 오브 더 북(the title of the book: 그 책의 제목)

내 생일은 돌아오는 일요일입니다.
내 생일은/ 입니다/ 돌아오는 일요일

마이 버어쓰데이 이스 디스 커밍 썬데이
My birthday is this coming Sunday.

컴(come): 오다 / 썬데이(Sunday): 일요일
디스 커밍 썬데이(this coming Sunday): 돌아오는 일요일
　☞ 동사가 변신(현재분사:형용사역할)하여 썬데이를 꾸며주고 있습니다.

그래서 남편과 나는 주말에 차로 여기 저기 여행을 할 예정입니다.
그래서/ 나의 남편과 나는/ 예정입니다/ 여기 저기 여행을 할/ 차로/ 주말에

소우, 마이 허스번드 앤 아이 아 고잉투 트래블 어라운드 바이 카 온 더 위켄드
So, my husband and I are going to travel around by car on the weekend.

소우(so): 그렇게, 너무, 그러하여 ☞ 위에서는 접속사 "그래서"의미로 쓰였습니다.
앤드(and): 그리고
아 고잉 투(are going to): ~ 할 예정임 ☞ 비(be) 동사+ 고잉 투(going to): ~ 할 것이다.
　　　　　　　　　　　　이미 계획된 내용을 실행할 예정임을 나타냅니다.
트래블(travel): 여행하다, 여행
어라운드(around): ~ 를 돌아, 쯤, 전후
트래블 어라운드(travel around): 여기 저기 여행하며 다니다
카(car): 자동차　/바이(by): ~로, ~까지, 옆에　/　바이 카(by car) 자동차로
(on): ~위에(붙어 있는), (날, 때, 기회)에 의미를 갖는 전치사
위켄드(weekend): 주말　/윅(week): 주 / 엔드(end): 끝, 끝나다

나는 내가 자랐던 부산에 가고 싶습니다.
나는/ 원합니다/ 가기를/ 부산에/ 내가 자란

아이 원트 투 고 투 부산 웨어 아이 그루 업
I want to go to Busan where I grew up.

원트(want): 원하다　/ 고(go): 가다
투 고(to go): 가기를 ☞ 투(to) 부정사로 위에서는 목적어 역할로 쓰였습니다.
투 부산(to Busan): 부산에 ☞ 부산은 "고유명사여서 첫글자를 대문자로 표기함

"나는 부산에 가고 싶다" 와 "나는 부산에서 자랐다"를 관계부사 웨어(where)로 연결한 형태입니다.
웨어(where)는 두 문장을 연결하면서 중복되는 단어 부산을 흡수하여 접속사와 부산을 대신하는 관계부
사 역할을 하고 있습니다.
그루(grew): 그로우(grow: 커지다, 자라다)의 과거형　/ 그로우 업(grow up): 성장하다

일기와 함께
문장의 틀을 익혀봐요

저녁에, TV에 출연한 내 고등학교 친구를 보고 깜짝 놀랐습니다.
저녁에/ 나는/ 깜짝 놀랐습니다/ 보고/ 고등학교 친구 중 한명을/ TV에 출연한

인 디 이브닝,
아이 워스 서프라이스트 투 씨 원 오브 마이 하이 스쿨 프렌즈 온 티브이
In the evening, I was surprised to see one of my high school friends on TV.

이브닝(evening): 저녁 / 인 디 이브닝(in the evening): 저녁에
서프라이스(surprise): 놀라게 하다, 놀람
　☞ 비(be)동사+서프라이스트(surprised)는 수동태로 "~로 인해 놀람을 당함" 의미
투 씨(to see): 여기서는 "봄으로 인해서" 의미로 "보고"로 해석됩니다.
하이스쿨(high school): 고등학교 / 프렌드(friend): 친구 /하이(high): 높은
온 티브이(on TV): "TV에 나온"의미임/. 온 더 티브이(on the TV): TV위에 있는
일반 명사가 관사 없이 쓰일 때는 "본질/ 성분"을 의미합니다.
엘러멘트리 스쿨(elementary school): 초등학교 / 미들스쿨(middle school): 중학교
엘러멘트리(elementary): 기초의, 초보의, 아주 쉽고 간단한 / 미들(middle): 중앙

30년 전에 내가 서울로 이사온 후로 그 친구와 연락이 끊긴 상태입니다.
나는/ 연락이 끊긴 상태입니다/ 그녀와/ ~이래로/ 내가/이사했다/서울로/ 30년 전에

아이 해브 로스트 터치 윗 허 씬스 아이 무붓 투 서울 떨티 이어스 어고우
I have lost touch with her since I moved to Seoul 30 years ago.

로스트(lost): 루스(lose: 잃어버리다)의 과거 /과거완료형 /터치(touch): 만지다, 접촉
위드(with): "~와 함께" "~를 써서" 등의 의미를 나타내는 전치사
루스 터치 위드(lose touch with): 연락이 끊기다.
　☞ "해브(have)+과거완료"는 "현재 완료 시제" 로서 과거 시점부터 쭉 연락이 끊어져 온 상태로 지금도
　　 연락이 안되고 있음을 나타냅니다. (현재 상태를 강조함)
킵인 터치 위드(keep in touch with): ~과 연락을 유지하다
씬스(since): ~이래로 /무브(move): 움직이다, 옮기다
떨티(thirty): 30, 서른 /이얼(year): 년, 해 /어고우(ago): 전에

내가 기억하기로는, 그 친구는(그녀는) 우리반 학생 중에서 가장 예쁜 애였습니다.
~ 하는한/ 내가/ 기억하다, 그녀/ 였습니다/가장 예쁜 소녀/ ~중에/나의반 학생들

애스 파 애스 아이 리멤버, 쉬 워즈 더 프리티에스트 걸 어망 마이 클래스 메이츠
As far as I remember, she was the prettiest girl among my classmates.

애스(as): ~로서, 처럼 /파(far): 멀리, 떨어져
애스 파 애스(as far as): ~ 하는 한, ~ 까지
리멤버(remember): 기억하다
프리티(pretty): 예쁜, 꽤

더 프리티에스트(the prettiest): 가장 예쁜, 프리티(pretty)의 최상급
    ☞ 유일한 존재, 두드러지는 사물/사람 앞에는 정관사 더(the)를 붙임.
    최상 급도 마찬가지임
걸(girl): 여자아이, 소녀 / 어망(among): ~ 사이에, ~ 중에
클래스(class): 학급, 수업 /메이트(mate): 친구 /
클래스메이트(classmates): 반 친구, 위에서는 복수형이어서 에스(s)를 붙였습니다.
우리 엄마, 우리 아빠, 우리 반, 우리 회사 등 한글의 우리를 영어로 말할 때는 나의(마이 my)로 표현합니다.

친구는 매우 활기 넘치고 나보다 젊어 보였습니다.
친구(그녀)는/ 보였습니다/매우 활기넘치게/ 그리고/ 보다 젊은/ 나보다

쉬 룩트 베리 에너제틱 앤 영거 댄 미
She looked very energetic and younger than me.

룩(look): 보다, 보이다 / 베리(very): 매우, 아주 정말 / 에너지(energy): 정력, 활기
앤드(and): 단어와 단어, 문장과 문장을 연결해 주는 접속사로서 "그리고" "~와"의미로 쓰입니다.
에너제틱(energetic): 활기찬 /영(young): 젊은 / 영거(younger): 보다 젊은(비교급)
댄(than): ~ 보다 / 미(me): 1인칭 목적격

15 일기와 함께
문장의 틀을 익혀봐요

친구는 환경운동가로 소개되고 있었습니다..
그녀는(친구는)/ 소개되고 있었다 / 환경운동가로서

쉬 워스 빙 인트러듀스드 애스 언 인바이런먼틀 액티비스트
She was being introduced as an environmental activist.

인트러듀스(introduce): 소개하다
워스 빙 인트러 듀스트(was being introduced): 수동태 진행형(~해지고 있는 중)으로 "소개되고 있는 중 이었음" 을 의미합니다.
애스(as): ~ 로서, ~ 처럼 / 액트(act): 행동하다, 연기하다, 법령, 상연
액터(actor): 배우 / 액트러스(actress): 여배우
액티비스트(activist): 운동가, 활동가
인바이러먼트(environment): 환경 / 인바이러먼틀(environmental): 환경의

나는 서울에 오기 전까지 부산병원에서 간호사로 일했습니다.
나는/ 일 해왔습니다./간호사로/ 부산병원에서/ 까지/ 내가/ 왔다(이사했다)/ 서울로

아이 해드 웍트 애스 어 너얼스 인 부산 하스피들 언틸 아이 무브투 서울
I had worked as a nurse in Busan Hospital until I moved to Seoul.

해드(had): 해브(have)의 과거/과거완료형
월(work): 일하다
☞ "해드(had)+ 동사의 과거완료형" 은 "과거 완료 시제" 형식으로 과거 특정 시점 이전 부터 과거 특정
   시점(서울로 이사할 때)까지 쭉 일 해온 상태임을 나타냅니다.

너얼스(nurse): 간호사 / 하스피들(hospital): 병원 / 클리닉(clinic): 의원
애스(as): ~ 처럼, ~ 만큼, (자격, 기능 등이) ~ 로서
언틸(until): ~까지 (특정 시점까지 계속 되어지는 의미)
무브(move): 움직이다, 옮기다 , 이사하다

112

당시에 남편은 다니던 회사의 서울 사무실로 발령이 났었습니다.
당시에/ 나의 남편/ 이동되었습니다/서울사무실로/그의 회사에서

앳댓타임, 마이 허스번드 워스 트랜스퍼드 투 서울 아피스 인 히스 컴퍼니
At that time, my husband was transferred to Seoul office in his company.

앳(at): 시간이나 장소의 특정 지점을 나타내는 전치사
댓(that): 가까이 있지 않은 사물/사람을 가리키며 "저" "그", 관계대명사/접속사로도 쓰입니다.
타임(time): 시간   /앳 댓 타임(at that time): 그 때에   /허스번드(husband): 남편

트랜스퍼(transfer): (장소를) 이동하다
　　☞ "비(be)동사+과거분사" 형태는 "수동태" 문장으로 이동되어졌다(발령 받다) 는 의미입니다.

아피스(office): 사무실, 근무처
컴퍼니(company): 회사

한글에서는 "나의" "그의"를 생략하는것이 자연스럽지만, 영어는 논리/ 숫자에 민감하여 마이(my), 히스
(his)등을 생략하면 틀린 문장이 됩니다.

그래서, 나는 남편을 따라오기(함께하기) 위해 직장을 그만둬야 했습니다.
그래서/ 나는/ 그만둬야 했습니다/ 나의 직장을/함께 하기 위해/남편과

쏘우, 아이 해드 투 큇 마이 잡 투 조인 마이 허스번드
So, I had to quit my job to join my husband.

쏘우(so): 그렇게, 너무, 그러하여 ☞ 위에서는 접속사로 쓰임
해드 투(had to): 해브 투(have to)의 과거형으로 "~ 해야만 했다" 의미
큇(quit): (직장, 학교 등을) 그만두다
잡(job): (정기적으로 보수를 받고 하는) 일, 직장, 일자리, (해야하는 특정한) 일, 책임, 책무
조인(join): 함께 하다, 합치다   /허스번드(husband): 남편
한글을 그대로 직역하면 팔로우(follow: ~의 뒤를 따라가다, 뒤를 잇다)로 번역될 수도 있으나,
문맥을 고려하면 남편과 함께하기 위해 의미로 조인(join)을 쓰는게 자연스럽습니다.
즉, 한글을 영어로 전환할 때는 개별적인 단어의 뜻에 집착하지 않고 전체 문맥에 맞게 단어를 써야 합니다.

15 일기와 함께 문장의 틀을 익혀봐요

때때로, 나는 내가 직업을 가졌더라면… 하며, 만일 남편이 서울로 오는 대신 사업을 시작했었더라면 어떻게 되었을까? 하고 생각합니다.

때따로/ 나는/ ~ 더라면 생각합니다/ 내가/ 가졌다/ 직업
그리고/ 생각합니다
만일/ 나의 남편/ 시작했었다/ 그의 자신의 사업/ 서울에 오는 대신/ 어떻게 되었을까?

썸타임스, 아이 위시 아이 해드어 잡
앤 띠잉크
"이프 마이 허스번드 해드 스타티드 히스 오운 비즈니스 인스테드 오브 커밍 투 서울, 왓 우드 잇 해브 빈 라이크?"

Sometimes, I wish I had a job and think "If my husband had started his own business instead of coming to Seoul, what would it have been like?

썸타임즈(sometimes): 때때로
위시(wish): 가능성이 낮은 일을 바라며 '…이면 좋겠다'고 생각함
해드(had): 해브(have: 가지다)의 과거/과거완료형
잡(job): 일, 직장 / 스타트(start): 시작하다
오운(own): (소유 관련성을 강조하며) ~ 자신의 /비즈니스(business): 사업, 장사
인스테드(instead): ~대신에 /인스테드 오브(instead of) : ~ 의 대신에
커밍(coming): 동사인 컴(come) 이 동명사로 변하여 "오는 것" 의미로 쓰였음 / 컴(come): 오다
왓(what): 무엇 / 라이크(like): 좋아하다, 비슷하다, 처럼
왓 우드 잇 해브 빈 라이크(what would it have been like): "어찌 되었을까" 의미

가정법 과거완료(그 때 만일 ~ 했었다면, ~ 했을텐데....)
"If 주어+해드(had)+ 과거분사, 주어 +(우드would, 쿠드could, 슈드 should, 마이트might 중 하나를 씀)+ 해브(have)+ 과거분사" 형식으로 표현합니다.

16 표지판을 익혀요

Information 인포메이션 : 안내소

Exit 엑씻 : 출구

Entrance 엔트런스 : 입구

Stop 스타압 : 멈춤

One way 원 웨이 : 일방 통행

No parking 노~ 파킹 : 주차 금지

Occupied 악큐파이드 : 사용 중

Vacancy 베이큰씨이 : 비었음

Push 푸쉬 : 미세요

Pull 풀~ : 당기세요

Reserved 리저어브드 : 예약됨

Sold out 쏘올 다웃 : 매진됨

Buy one get one free(또는 BOGO) : 하나 사면 하나 공짜(1+1)

Danger 데인져 : 위험

Airport 에어 포트 : 공항

Domestic service 더메스틱 써비스 : 국내선

International service 인터내셔널 써비스 : 국제선

Waiting room 웨이딩 룸 : 대합실, 대기실

Immigration 이미그레이션 : 출입국 관리소

Boarding gate 보오딩 게이트 : 탑승구

Lost and found 로스튼 파운드 : 분실물 신고(보관)소

명사

시간 관련

타임 time 시간	세컨드 second 초, 두번째	미닛 minute 분, 미세한
아우얼 hour 시간	데이 day 일, 날짜	윜(위켄드) **week** (weekend) 주(주말)

			먼뜨 month 월
이얼 year 해, 년	썬데이 Sunday 일요일	먼데이 Monday 월요일	튜즈데이 Tuesday 화요일
웬즈데이 Wednesday 수요일	떨스데이 Thursday 목요일	프롸이데이 Friday 금요일	쌔더데이 Saturday 토요일

캘린더 calendar	제뉴워리 January	패뷰워리 February	마알치 March
달력, 일정표	1월	2월	3월

에이프럴 April	메이 May	쥰 June	쥴라이 July
4월	5월	6월	7월

어거스트 August	셉템버 September	악토버 October	노벰버 November
8월	9월	10월	11월

디셈버 December	스프링 spring	써머 summer	포올fall 오~텀autumn	윈터 winter
12월	봄	여름	가을	겨울

명사

날짜, 방향

모닝 morning 아침	눈 noon 정오	애프터눈 afternoon 오후
이브닝 evening 저녁	나잇 night 밤	투나잇 tonight 오늘밤

투모로우 tomorrow 내일		

이스트 east 동쪽	웨스트 west 서쪽	싸우스 south 남쪽	노오쓰 north 북쪽
코너 corner 코너, 모퉁이	싸이드 side 측면	레프트 left 왼쪽	롸잇 right 오른쪽, 옳은

명사

순서

풜스트 first 첫번째	쎄컨드 second 두번째	떨드 third 세번째
포어쓰 fourth 네번째	피픗드 fifth 다섯번째	씩스쓰 sixth 여섯번째	세븐쓰 seventh 일곱번째
에잇쓰 eighth 여덟번째	나인쓰 ninth 아홉번째	텐쓰 tenth 열번째	원스 once 한번
트와이스 twice 투 타임즈 two times 두번	텐 타임즈 ten times 열번	더블 double 두배의, 갑절의	트리플 triple 3배의

명사

숫자

원 one 1	투 two 2	뚜뤼 three 3
포어 four 4	퐈이브 five 5	씩스 six 6
		쎄븐 seven 7
에잇 eight 8	나인 nine 9	텐 ten 10
		일레븐 eleven 11
트웰브 twelve 12	떨틴 thirteen 13	풜틴 fourteen 14
		피프틴 fifteen 15

씩스틴 sixteen 16	쎄븐틴 seventeen 17	에잇틴 eighteen 18	나인틴 nineteen 19
트웬티 twenty 20	트웬티 원 twenty one 21	트웬티 나인 twenty nine 29	떠디 thirty 30
포~티 forty 40	피프티 fifty 50	씩스티 sixty 60	세븐티 seventy 70
헌드레드 hundred 백	따우선드 thousand 천	밀리언 million 100만	빌리언 billion 10억

명사

신체

바디 body 몸	헤드 head 머리(두)	헤어 hair 머리카락

풰이쓰 face 얼굴	포~헤드 forehead 이마	아이 eye 눈	이얼 ear 귀

노우스 nose 코	마우쓰 mouth 입	립 lip 입술	취익 cheek 뺨

투우쓰 tooth (티쓰 teeth) 이(복수: 이)	텅 tongue 혀	넥 neck 목	쓰로우트 throat 목구멍

명사

신체

숄더 shoulder 어깨	앎 arm 팔	췌스트 chest 가슴
앱더먼 abdomen 배, 복부	웨이스트 waist 허리	핸드 hand 손	파암 palm 손바닥
핑거 finger 손가락	레그 leg 다리	풋/핏 foot/ feet(복수) 발	머슬 muscle 근육
렁 lung 폐	하~트 heart 심장	브레인 brain 뇌	블러드 blood 피

명사

혈연/인척

머덜 mother 어머니	파덜 father 아버지	그랜드파덜 grand father 할아버지
그랜드머덜 grand mother 할머니	엉클 uncle 삼촌/아저씨	안트 aunt 숙모/고모 아주머니
씨스터 sister 여자형제	썬 son 아들	다터 daughter 딸
페어런트 parent/ 페어런츠 parents 부모 중 한사람 /양부모	커슨 cousin 사촌	와이프 wife 아내

브라더 brother 남자형제	
그랜드 썬 grand son/ 그랜드다터 grand daughter 손자/손녀	
허스번드 husband 남편	

명사

사람관련

피더스 fetus 태아	인펀트 infant 유아, 젖먹이	베이비 baby 아기
타들러 toddler 걸음마 배우는 아기	맨 man (멘 men) 남자(남자들)	워먼 woman (위민women) 여자(여자들)	맨카인드 mankind 인류/모든인간
티네이져 teenager 10대	차일드 child 어린이	칠드런 children 어린이들	차일드 훗 childhood 아동기
유우쓰 youth 젊음/젊은이	어덜트 adult 성인	퍼~슨 person (개개의) 사람	피플 people 사람들

명사

색상/식물
과일/채소

와잍 white 흰색	블랙 black 검정	레드 red 빨강
블루 blue 파랑	옐로우 yellow 노랑	그린 green 녹색	그뤠이 gray 회색

블루 blue 파랑	옐로우 yellow 노랑	그린 green 녹색	그뤠이 gray 회색
핑크 pink 분홍	브라운 brown 갈색	플랜트 plant 식물,초목,공장 (씨앗등을)심다	그래스 grass 풀,잔디
트리 tree 나무	플라워 flower 꽃, 화초	로즈 오브 샤론 rose of sharon 무궁화	로즈 rose 장미

애플 apple 사과	페어 pear 배	퍼써먼 persimmon 감	워더멜런 watermelon 수박
펌킨 pumpkin 호박	큐컴버 cucumber 오이	어니언 onion 양파	그린 어니언 green onion 파
갈~릭 garlic 마늘	진줘 ginger 생강	쥔셍 ginseng 인삼	캐럿 carrot 당근
캐비쥐 cabbage 양배추	래디쉬 radish 무우	베쥐터블 vegetable 채소	프루웃 fruit 과일

명사

동물

애니멀 animal **동물**	멍키 monkey **원숭이**	타이거 tiger **호랑이**

라이언 lion **사자**	호~스 horse **말**	스네익 snake **뱀**	스패러우 sparrow **참새**
버~드 bird **새**	캣 cat **고양이**	취킨 chicken **닭**	덕 duck **오리**
카우(악스/악슨) cow(ox/oxen) **암소, 젖소 (황소/황소들)**	피익 pig **돼지**	쉽 sheep **양**	앤트 ant **개미**

명사
주변사물

골드 gold 금	실버 silver 은	퍼얼 pearl 진주
글래스 glass 유리	플레이트 plate 접시	아이언 iron 철, 쇠 다리미
씨설스 scissors 가위	바틀 bottle 병	팥 pot 솥
보울 bowl (우묵한)그릇	락 rock 바위,암석	브룸 broom 빗자루

나이프
knife

칼

케틀
kettle

주전자

배큐엄크리너
vacuum
cleaner

진공청소기

명사

주변사물

픽춰 picture **그림, 사진**	미러 mirror **거울**	콤 comb **빗/빗질하다**
햇 hat **모자**	클락 clock **시계**	기프트 gift **재능 선물/기증품**
글루~ glue **풀/접착제**		

이레이서 eraser **지우개**	루울러 ruler **자**	북 book **책, 도서**
토이 toy **장난감**		

페이퍼 paper **종이**	펜슬 pencil **연필**	엄브렐라 umbrella **우산**
슈즈 shoes **신발**		

워터 water 물	밀크 milk 우유	슈거 sugar 설탕	비니거 vinegar 식초
쏠트 salt 소금	라이스 rice 쌀	오일 oil 기름	플라우어 flour 밀가루
엑 egg 계란	쎄서미 sesame 참깨	와일 쎄서미 wild sesame 들깨	빈~ bean 콩
씨즈닝 seasoning (미국식)양념	페퍼 pepper 후추	레드페퍼 red pepper 고추가루	누들 noodle 국수

명사

집 관련

하우스 house	키첸 kitchen	룸 room
집	부엌	방

리빙 룸 living room	토일렛 toilet	배쓰룸 bathroom	베드룸 bed room
거실	화장실	목욕탕, 욕탕	침실

왈 wall	씰링 ceiling	플로어 floor	스테얼즈 stairs
담, 벽	천장	바닥/층	계단

도얼 door	윈도우 window	테이블 table	췌어 chair
문	창문	탁자	의자

명사

주변 시설

파~악 park 공원	가~든 garden 정원	로우드 road 길
스테이션 station 역	버쓰탑 bus stop 버스정류장	써브웨이 subway 지하철

레일로드 rail road 철도		

에어플레인 air plane 비행기	카 car 자동차	추레인 train 기차	바이씨클 bicycle 자전거
싶 ship 배/선박	웨이 way 길, 도로 방식	펜스 fence 울타리	브리쥐 bridge 다리, 교량

명사

직업/기타

티쳐 teacher 선생님	스쿨 school 학교	스튜던트 student 학생

프린시펄 principal 교장선생님	하스피틀 hospital 병원	클리닉 clinic 의원	너얼스 nurse 간호사
닥터 doctor 의사/박사	임플로이~ employee 종업원, 취업자	어쎔블리맨 assembly man 국회의원	아티스트 artist 예술가
페인터 painter 화가	프러페서 professor 교수	폴리~스 police 경찰	로이어 lawyer 변호사

컨츄리 country 국가,지역	내셔낼러티 nationality 국적	가버먼 government 정부	프레지던트 president 대통령
미니스터 minister 장관(각료) 목사	메여 mayor (시의) 시장	마~켓 market (판매)시장	스토어 store 상점(가게)
리씻 receipt 영수증	빌 bill 계산서, 영수증	첵 check 수표, 계산서	캐쉬 cash 현금
뱅크 bank 은행, 둑	컴퍼니 company 회사, 단체	포스트 오피스 post office 우체국	파이어 스테이션 fire station 소방서

명사

자연/날씨

리버 river 강	씨~ sea 바다	힐 hill 언덕, 경사로
밸리 valley 골짜기	마운튼 mountain 산	웨더 weather 날씨
윈드 wind 바람	레인 rain 비	스노우 snow 눈
스타 star 별	스까이 sky 하늘	썬 sun 태양

클라우드
cloud

구름

에어
air

공기

문
moon

달

명사

기타

져스티스 justice	피스 peace	프리덤 freedom
공정성, 정당성	평화	자유 (권리로서의)

리버디 liverty	바이블 bible	워쉽 worship	크로스 cross
자유 (지배로부터)	성경	예배, 숭배	교차, 횡단 십자

프레어 prayer	라이프 life	뎃스 death	에인절 angel
기도(내용)	삶, 생(명)	죽음, 종말	천사

데벌 devil	헤븐 heaven	헬 hell	패스폿 passport
악마, 악령	천국	지옥	여권

동사

씨 see	피얼 feel	스멜 smell
보다/목격하다	느끼다	냄새나다/냄새

인헤일 inhale	잇 eat	쇼우 show	호울드 hold
(숨을) 들이마시다	먹다	보여주다	쥐다/ 붙잡고있다

워억 walk	월 work	와치 watch	룩 look
걷다	일하다	지켜보다	바라보다

어텐~드 attend	히어 hear	리슨 listen	쎄이 say
참석하다/ 주의를 기울이다	(들려오는 소리를) 듣다	(귀 기울여) 듣다	말하다

스픽 speak	어드레스 address	텔 tell	익스프레스 express
(어떤내용을, 목소리를) 말하다	주소/연설하다 호칭으로 부르다	알려주다 (말로표현)하다	(감정,의견)을 나타내다, 신속한

톡 talk	띵크 think	노우 know	언더스탠드 understand
대화/논의 이야기하다	생각하다	알다/알고있다	이해하다 알아듣다

러언 learn	스터디 study	디스커버 discover	익스플레인 explain
배우다 학습하다	공부/서재 공부하다	발견하다	설명하다

리멤버 remember	티치 teach	스마일 smile	래앱 laugh
기억하다	가르치다	미소짓다/미소	(소리내어) 웃다

동사

크라이 cry	샤우트 shout	컴 come
울다/외치다	외치다/외침	오다

고 go	브링 bring	테이크 take	기브 give
가다	가져오다 데려오다	데리고 가다 취하다	주다

리씨~브 receive	겟 get	해브 have	렛 let
받다 받아들이다	받다/얻다 하게하다	소유하다/ 가지다/하게하다	(~하게)놓아두다 ~하도록 허락하다

풋 put	비컴 become	스테이 stay	킾 keep
(일정한 장소에) 놓다	~이 되다 ~(해)지다	머물다	~을 계속하다 유지하다

씩~ seek	하이드 hide	파인드 find	랩 wrap
찾다, 구하다	숨다, 감추다	(우연히)찾다	싸다, 포장하다

렌드 lend	피니쉬 finish	엔드 end	바로우 borrow
빌려주다 대출하다	끝내다, 끝나다	끝, 끝나다, 끝내다	빌리다

렌트 rent	메이크 make	추스 choose	실렉트 select
집세 세내다/세놓다	만들다 하도록 하다	(선)택하다 고르다	선발하다

스펜드 spend	쎄이브 save	터언 turn	셧 shut
(돈을)쓰다 (시간을)보내다	구하다, 모으다 저축하다	돌다,돌리다	(문 등을)닫다

동사

클로우즈 close	오픈 open	개더 gather
(문을)닫다 (눈을)감다	(사업을)시작하다 (문/뚜껑을)열다	모이다 모으다

포겟 forget	포기브 forgive	다웃 doubt	미스언더스탠드 misunderstand
잊다 잊어버리다	용서하다	의혹, 의문 의심하다	오해하다

애스크 ask	니~드 need	호웁 hope	앤서 answer
요청하다 묻다	필요 필요로하다	희망 희망하다	대답 답하다

해잇 hate	리그렛 regret	라익 like	러브 love
(무엇을) 싫어하다 증오	유감,애석 후회하다	~비슷한 좋아하다	사랑 사랑하다

바이트 bite (이빨로)물다 한입	파이트 fight (적과)싸우다	캔~슬 cancel 취소하다	행 hang 매달다 매달리다
얼라우 allow 허락하다	웨어 wear 입고있다 착용	비짓 visit 방문하다	리이브 leave 떠나다 휴가
밋 meet 만나다	라이드 ride (말/자전거)타다	드라이브 drive 운전하다	캐취 catch 붙잡다
리플라이 reply 응답/회신 하다	마인드 mind 마음/정신 언짢아하다	케어 care 돌봄/조심하는 관심을 가지다	헬프 help 도움 돕다/도움되다

형용사

라즈 large	스몰 small	빅 big
(규모가) 큰	작은 소규모의	(치수가) 큰

머츠 much	매니 many	리틀 little	멀티플 multiple
(양이)많은	(수가) 많은	(양이) 적은 약간의,거의없는	(수학)배수 다수의, 복합적인

씽글 single	어번던트 abundant	브리프 brief	어나더 another
단일의	풍부한	간단한 (시간이) 짧은	또 하나의 다른

아더 other	보우쓰 both	에브리 every	이취 each
다른, 다른사람	양쪽의 둘다	모든 충분한	각각의

146

쏘프트 soft	하~드 hard	롱~ long	숄 short
부드러운 매끄러운,연한	단단한, 굳은 (경제적으로)곤란한	긴, 오랜	짧은

브롸드 broad	내로우 narrow	와이드 wide	브라이트 bright
(폭이)넓은	좁은 (관점등이)편협한	넓은 다양한, 광범위한	(빛이) 밝은 선명한, 빛나는

다~크 dark	샤이니 shiny	팻 fat	슬림 slim
어두운, 짙은 검은(색의)	빛나는 반짝거리는	뚱뚱한, 살찐	날씬한, 얇은

퐈인 fine	프리디 pretty	비유디풀 beautiful	비비드 vivid
(질)좋은, 참한 (날씨가) 맑은	예쁜 어느정도, 꽤	아름다운	생생한,선명한 강렬한,활발한

형용사

콧 cute	어글리 ugly	영 young
귀여운	못생긴, 추한	젊은, 어린 덜 성숙한

올드 old	럭키 lucky	그뤠잇 great	파인 fine
나이많은	행운의, 다행한	대단한, 엄청난 보통 이상인	좋은, 질좋은 건강한, 괜찮은

굿 good	배드 bad	뢍 wrong	롸잇 right
(질적으로) 좋은 즐거운	나쁜, 불쾌한 형편없는	틀린 이상이 있는	바른, 오른쪽 정확한

미들 middle	레프트 left	크루얼 cruel	제너러스 generous
중앙의, 중앙	왼쪽의	잔인한, 괴로운 고통스러운	후한, 관대한

리얼 real	포올스 false	노멀 normal	애브노멀 abnormal
진짜의 현실적인	틀린 사실이 아닌	평범한, 평균 정상적인	비정상적인

스퉤린지 strange	풰이머스 famous	파퓰럴 popular	앵그리 angry
이상한, 낯선	유명한	인기있는 대중적인	화난, 성난

매드 mad	크레이지 crazy	해피 happy	쌔드 sad
미친 정신이상인	(말,행동)정상 아닌 미친듯이 화가난	행복한	슬픈, 애석한 통탄할

인트러스팅 interesting	익싸이딩 exciting	퍼니 funny	워~쓰 worth
재미있는 흥미로운	흥미진진한 신나는	우스운, 기이한 재미있는	~의 가치가 있는 ~할 가치있는

형용사

칲 cheap	익스펜시브 expensive	와이즈 wise
싼 돈이 적게드는	비싼 돈이 많이드는	현명한 지혜로운

풀리쉬 foolish	스마트 smart	카인드 kind	아니스트 honest
어리석은 바보같은	똑똑한, 영리한 말쑥한	친절한 (날씨등이)온화한	정직한 순수해보이는

쿨 cool	핫 hot	콜드 cold	웜 warm
시원한, 차분한	뜨거운 날씨가 더운	차가운 날씨가 추운	따뜻한, 훈훈한 따스한

드라이 dry	웻 wet	프훌 full	엠티 empty
건조한, 건성인 비가 오지않는	젖은, 비가오는 궂은날씨	~이 가득한 빈 공간이 없는	빈, 공허한

노이지 noisy 소란스러운	콰이엇 quiet 조용한, 고요한	싸일런트 silent 침묵을지키는 조용한	카암 calm 침착한, 차분한
씩 sick 아픈, 멀미나는 토할 것 같은	딜리셔스 delicious 아주 맛있는 아주 기분좋은	스위트 sweet 달콤한 듣기좋은	패스트 fast 빠른, 빨리하는
슬로우 slow 느린, 더딘 지체하는	액티브 active 활동적인 적극적인	액츄얼 actual 실존의 사실상의	애뉴얼 annual 해 마다의
어웨이크 awake 잠들지 않은 깨어있는	어웨어 aware 알아챈 자각하고 있는	스트롱 strong 튼튼한, 강한 힘센	위익 weak 약한 힘이없는

형용사

클로우즈 close	디스탄트 distant	칸츄레리 contrary
가까운	먼, 소원한 다정하지 않은	정반대되는 ~와는 다른

씨밀러 similar	디퍼런트 different	엑썰런트 excellent	엑스터널 external
유사한, 닮은	다른 차이가 나는	탁월한, 훌륭한	외부의, 외용의

인터널 internal	인타이어 entire	피메일 female	메일 male
내부의, 체내의	전체의, 온	여성의, 암컷의	남성인, 숫컷의

젠틀 gentle	핸썸 handsome	쥬니어 junior	씨니어 senior
온화한, 순한 조용한	멋진, 잘생긴	하급의, 부하의 손아래	연장자, 고위의

메인 main	메이저 major	탑 top	베이직 basic
주된, 가장 큰 본관	주요한, 과반의	최고, 정상	기초적인 기본적인

리얼 real	포올스 false	오리지널 original	썩세스풀 successful
진짜의 현실적인	틀린, 사실이 아닌	원래의, 원본의 최초의	성공한 잘된

해비 heavy	프로패셔널 professional	다이렉트 direct	유스풀 useful
무거운 과중한	전문의 프로의	직접의	유용한 쓸모있는

유스러스 useless	이팩티브 effective	피지컬 physical	트래디셔널 traditional
쓸모없는	효과적인	신체의 물리의	전통의

형용사

액츄얼 actual	액티브 active	리스판서블 responsible
실존의 사실상의	활동적인 적극적인	책임있는 담당의

엑스트라 extra	페어 fair	언페어 unfair	싸운드 sound
추가의 단역배우	공정한	불공정한	정상적인, 건전한 소리

프랙티컬 practical	오피셜 official	다이렉트 direct	파지디브 positive
실용적인	공식의	직접의 감독하다	긍정적인

네거디브 negative	리치 rich	인벌브드 involved	컴플리트 complete
부정적인	부자의, 풍부한	관련된	완성된, 완전한

이너 inner 내적인	아우터 outer 외적인	드렁큰 drunken (술)취한	어프레이드 afraid 두려운
얼론 alone 혼자의	에이블 able 가능한	칸텐트 content 만족한	워~쓰 worth 가치있는
로우 low 낮은 아랫부분의	하이 high 높은	래이트 late 늦은	써~튼 certain 확실한
프레즌트 present 현재의	타이어드 tired 피곤한, 지친	스캐어리 scary 무서운, 겁나는	어쉐임드 ashamed 부끄러운

부사

더스 thus	데어포~ therefore	어코딩리 accordingly
이렇게하여 그러므로	그러므로 그러니	그에 따라서

비싸이즈 besides	아더와이스 otherwise	모~오버 moreover	퍼더모어 furthermore
~외에, 또한 게다가	그렇지않으면 ~와는 다르게	게다가, 더욱이	뿐만아니라 더욱이

도우 though	올도우 although	하우에버 however	쏘우 so
~이긴 하지만 그렇지만	~이긴 하지만 그러나, 하지만	아무리 ~해도	그렇게 그러하여

썸타임즈 sometimes	오픈 often	유쥘리 usually	올웨이스 always
때때로, 가끔	자주, 흔히	보통, 대개	항상, 언제나

백 back	덴 then	하들리 hardly	니얼리 nearly
등, 뒤쪽의 뒤로, 배후에	그때(과거) 그리고	거의 ~ 아니다 거의 ~할 수 없다	거의

하일리 highly	숏~리 shortly	래이드리 lately	이그잭트리 exactly
대단히, 매우 고도로, 크게	곧 얼마안되어	최근에 얼마전에	정확히, 꼭 틀림없이

베리 very	웰 well	올~레디 already	옛 yet
매우, 아주 정확히 똑 같은	잘, 좋게 제대로, 상당히	이미, 벌써	아직

프라버블리 probably	져스트 just	메이비 maybe	모슬리 mostly
아마도	딱 ~하는 순간에	어쩌면, 아마 혹시	주로 일반적으로

MEMO

MEMO

알파벳을 몰라도 말이 트이는

걸음마 영어

초판 1쇄 인쇄 2019년 11월 1일
초판 1쇄 발행 2019년 11월 11일

저 자 이 연정
감 수 허 예린
디자인 한 송연
발행인 이 연정
발행처 도서출판 봄비

정 가 12,000원
등록일 2019년 8월 9일
출판등록 제 2019- 000138호
팩 스 0504-162-2203

블로그 https://blog.naver.com/bombeebooks
이메일 calling@bombee7.com
ISBN 979-11-967949-0-3